gu

alemán de viaje

VOX

Edición original, 2003
©Chambers Harrap Publishers Ltd
7 Hopetoun Crescent
Edinburgh EH7 4AY
Gran Bretaña

Dirección editorial: Patrick White
Coordinación editorial: Anna Stevenson
Redacción: Dorian Astor, Stephan Güde y Justine de Reyniès
Composición: Clair Cameron, Vienna Leigh

Edición española.
Primera edición, 2004
©SPES Editorial, S.L.
Aribau 197-199, 3ª planta
08021 Barcelona
www.vox.es

Dirección editorial: Núria Lucena
Coordinación editorial: Andrew Hastings
Realización: dos + dos, serveis editorials, s.c.c.l.

ISBN: 84-8332-515-2
Depósito legal: B. 7.290-2004

Impreso por:
A & M Gràfic, S.L.
Crta. N-152, Km 14,9
08130 Sta. Perpètua de Mogoda (Barcelona)

ÍNDICE

ABREVIATURAS UTILIZADAS EN ESTA GUÍA

ac	acusativo
adj	adjetivo
adv	adverbio
dat	dativo
gen	genitivo
n	nombre
v	verbo

INTRODUCCIÓN

Esta guía de conversación hispano-alemana VOX está pensada para todos aquellos que, como usted, desean comunicarse con los habitantes de Alemania. Clara, centrada en lo esencial, le ayudará a dar los primeros pasos para superar la barrera del idioma y poder contactar con las gentes del país.

En cada capítulo, el libro contiene una lista de palabras útiles y una serie de frases y expresiones corrientes: es habitual oír o leer en la calle muchas de ellas mientras que otras le servirán para expresarse con fluidez. Además, podrá hacerse entender sin esfuerzo gracias a que se facilita una sencilla transcripción fonética especialmente adaptada al usuario hispano.

Por último, con las casi 4 000 palabras del minidiccionario bilingüe, los más curiosos podrán completar o reelaborar estas estructuras elementales para entablar conversaciones.

Asimismo, para que usted gane tiempo, se dan indicaciones sobre la cultura y las costumbres locales, y diversos datos de utilidad. ¡Dedique sus vacaciones a disfrutar de todos los placeres que se le ofrecen! Esta obra incluye un léxico gastronómico que le ayudará a descubrir la cocina alemana y los principales platos típicos.

Ahora, ¡ha llegado su turno!

PRONUNCIACIÓN

ALFABETO

Así es como se pronuncian las letras del alfabeto alemán:

a	*a*	**h**	*Ha*	**o**	*o*	**u**	*u*
b	*be*	**i**	*i*	**p**	*pe*	**v**	*fau*
c	*tse*	**j**	*yot*	**q**	*ku*	**w**	*ve*
d	*de*	**k**	*ka*	**r**	*er*	**x**	*iks*
e	*e*	**l**	*el*	**s**	*es*	**y**	*Ypsilon*
f	*ef*	**m**	*em*	**ß**	*es-tset*	**z**	*tset*
g	*gue*	**n**	*en*	**t**	*te*		

Nota: La diéresis alemana se llama **Umlaut** *(umlaut)*.

PRONUNCIACIÓN Y ENTONACIÓN

En esta guía, cada frase que aparece en alemán lleva al lado en cursiva su pronunciación. Basta con leer esta transcripción fonética para hacerse entender por un alemán.

Con negrita se indica qué sílaba va acentuada, ya sea en una palabra suelta o en una frase. En la frase, es este acento el que marca la entonación imprescindible para hacerse entender. No dude en pedir que le repitan los sonidos que le cuesta pronunciar.

En comparación con el español, el alemán presenta muchas más vocales, ya que pueden ser largas, cortas, abiertas o cerradas. Afortunadamente, la correspondencia entre ortografía y pronunciación es bastante clara, lo que facilita la tarea.

De todas formas, para esta guía se ha simplificado la fonética alemana considerado que, para un hispanohablante, la diferencia entre algunas vocales es muy difícil de distinguir.

Para los sonidos del alemán que no existen en español, hemos empleado unos símbolos especiales.

Vocales

ø Sonido parecido al del diptongo «eu» francés, entre nuestra «e» y la «o». Consiste en intentar pronunciar una «e» pero con los labios adelantados y cerrados. Ej: **Ökonomi** *økonomi*
Asimismo, usaremos este símbolo para la «e» neutra, también a medio camino entre nuestra «e» y la «o» pero de corta duración.
Ej: **bitte** *bitø*

Y Es la «u» francesa, más cercana de nuestra «i» que de la «u».
Ej: **Büro** *bYro*

Consonantes

v Aunque teóricamente inexistente en español, se trata de un sonido bien conocido y utilizado en nuestra lengua, especialmente en algunos países hispanoamericanos. Ej: **Wasser** *vasør*

z Es la «s» sonora, similar a la que aparece en español en palabras como «mismo». Ej: **Salz** *zalts*

H «h» aspirada, parecida a nuestra «j» pero mucho más suave.
Ej: **Huhn** *Hun*

SH Sonido similar al que utilizamos para hacer callar a alguien: «ishhhh!».
Ej: **Schinken** *SHinkøn*

PRONUNCIACIÓN

La «r» alemana es parecida a la francesa, es decir, mucho más suave que la española.

Después de e, *i, ä, ö, ü, ai, ei, äu, eu, n, l* y *r*, el dígrafo «ch» (aquí siempre transcrito como *«j»*) es un sonido más palatal que nuestra «j», es decir, hay que colocar lengua contra el paladar e intentar pronunciar una «j».

COSAS DE CADA DÍA

Los alemanes son más reacios a dar besos que los españoles; incluso entre chicos y chicas, prefieren darse la mano. Para hablar de «usted», se emplea el pronombre personal **Sie**, que corresponde a la tercera persona del plural. En el contexto profesional, es mejor tratar a la gente por su apellido precedido de **Herr...** o **Frau...** (señor/señora). Muchos profesionales tienen el título de **Doktor** (profesores, directivos de empresas...). Al principio, es aconsejable emplear dicho título con la fórmula **Herr/Frau Doktor...** + el apellido. Entre los jóvenes y con las amistades, el tuteo está a la orden del día. Pero como con el beso, es mejor esperar a que el interlocutor lo proponga para estar seguro de no fallar.

Para empezar

adiós	auf Wiedersehen *auf**vi**dørzeøn*
buenas noches *(al acostarse)*	gute Nacht *gutø **najt***
buenas noches *(para saludar)*	guten Abend *gutøn **a**bønt*
buenas tardes	guten Tag *gutøn**tak***
buenos días *(durante el día)*	guten Tag *gutøn**tak***
buenos días *(por la mañana)*	guten Morgen *gutøn **mor**guøn*
de acuerdo	Einverstanden ***ain**ferSHtandøn*
disculpe	Entschuldigung *en**tSHul**digung*
gracias	danke ***dan**kø*
hasta luego	bis später *bis **SHpe**tør*
hasta mañana	bis morgen *bis **mor**guøn*
hasta pronto	bis bald *bis **balt***
hola	hallo ***ha**lo*
no	nein *nain*
perdón	Entschuldigung *en**tSHul**digung*

por favor	bitte *bitø*
sí	ja *ya*
si	doch *doj*
vale	ok *oke*

FÓRMULAS BÁSICAS

Expresarse

quisiera...
ich möchte...
ij møjtø...

me gustaría...
ich würde gern...
ij vYrdø guern...

¿dónde está...?
wo ist...?
vo ist...?

¿hay algún/alguna... (aquí)?
gibt es hier eine(n)/ein...?
guipt es hir ainø/ainøn/ain...?

¿qué es?
was ist das?
vas ist das?

¿por qué...?
warum...?
varum...?

quisiéramos...
wir möchten...
vir møjtøn...

¿quieres...?
willst du...?
vilst du...?

¿dónde están...?
wo sind...?
vo zint...?

¿cuánto es?
wie viel kostet das?
vi fil kostøt das?

¿cómo...?
wie...?
vi...?

¿cuándo...?
wann...?
van...?

¿cómo se dice en alemán?
wie sagt man das auf Deutsch?
vi zagt man das auf doitsH?

por favor, ¿dónde están los servicios?
wo sind die Toiletten, bitte?
vo zint di toaletøn, bitø?

¿qué tal está?
wie geht es Ihnen?
*vi **guet** es inøn?*

muy bien, gracias, ¿y usted?
danke, sehr gut; und Ihnen?
***dan**kø, zer **gut**; unt inøn?*

hola, ¿qué tal?
hallo, wie geht's?
*Halo, vi **guets**?*

bien, ¿y tú?
danke, und dir?
***dan**kø, unt **dir**?*

lo siento (mucho)
es tut mir (wirklich) Leid
*es **tut** mir (**vir**klij) lait*

muchas gracias
vielen Dank
*filøn **dank***

de nada
keine Ursache
*kainø **ur**zajø*

¿ah sí?
tatsächlich?
*tat**zej**lij?*

¡coño!
scheiße!
SHaisø!

Entender

Achtung cuidado
Ausgang salida
Eintritt entrada
es gibt… hay…
freier Eintritt entrada libre
geöffnet abierto
geschlossen cerrado
kostenlos gratuito
reserviert reservado
Toiletten (Damen) servicio de señoras
Toiletten (Herren) servicio de caballeros
... verboten prohibido…
willkommen bienvenido

stört es Sie, wenn…?
¿le importa que/si…?

einen Augenblick, bitte
un momento, por favor

setzen Sie sich doch
siéntese, por favor

PROBLEMAS DE COMPRENSIÓN

Expresarse

¿lo puede repetir?
können Sie wiederholen?
***kø**nøn zi vidør**Ho**løn?*

no entiendo
ich verstehe nicht
*ij ver**SHte**Hø nijt*

entiendo un poquito
ich verstehe ein bisschen
*ij ver**SHte**hø ain **bis**jøn*

¿podría hablar más despacio?
können Sie bitte langsamer sprechen?
*kønøn zi bitø **lang**zamør SHprejøn?*

no he entendido
ich habe nicht verstanden
*ij habø **nijt** ver**SHtan**døn*

no entiendo nada
ich verstehe nichts
*ij ver**SHte**Hø **nijts***

entiendo bastante el alemán, pero no sé hablarlo
ich verstehe Deutsch, aber ich spreche es nicht
*ij verSHteHø **doitSH**, abør ij **SHprejø** es nijt*

hablo muy poco alemán
ich spreche kaum Deutsch
*ij SHprejø **kaum** doitSH*

me cuesta entender/hablar
ich habe Schwierigkeiten zu verstehen/sprechen
*ij habø **SHvi**rijkaitøn tsu ver**SHte**Høn/**SHpre**jøn*

¿habla usted español?
sprechen Sie spanisch?
***SHpre**jøn zi SHpaniSH?*

¿cómo se dice... en alemán?
wie sagt man... auf Deutsch?
***vi** zagt man... auf doitSH?*

¿perdón?
wie bitte?
***vi** bitø?*

¿qué?
was?
vas?

¿cómo?
hä?
He?

¿cómo se escribe?
wie schreibt man das?
*vi **SHraipt** man das?*

¿podría escribírmelo?
können Sie es aufschreiben?
***kø**nøn zi es **auf**SHraibøn?*

¿cómo se llama esto?
wie nennt man das?
*vi **nent** man das?*

¿qué pasa?
was ist los?
*vas ist **los**?*

COSAS DE CADA DÍA

Entender

verstehen Sie Deutsch?
¿entiende el alemán?

das bedeutet...
quiere decir...

das schreibt man...
se escribe...

das ist eine Art...
es una especie de...

HABLAR DEL IDIOMA

Expresarse

he aprendido algunas palabras con un libro
ich habe ein paar Worte in einem Lehrbuch gelernt
*ij Habø ain par **vor**tø in ainøm **ler**buj guelernt*

lo estudié en el colegio pero se me ha olvidado todo
ich hatte es in der Schule gelernt, aber ich habe alles vergessen
*ij Hatø es in der **SHu**lø guelernt, abør ij Habø **a**løs fer**gue**søn*

me defiendo más o menos
ich spreche so einigermaßen
*ij SH**pre**jø zo **ai**niguør**ma**søn*

la gente habla tan deprisa...
die Leute sprechen so schnell
*di loitø SHprejøn zo **SHnel***

no sé casi nada
ich weiß fast nichts
*ij vais fast **nijts***

me parece difícil
ich finde das schwierig
*ij findø das **SHvi**rij*

hay sonidos difíciles de pronunciar
manche Laute sind schwierig auszusprechen
*manjø **lau**tø zint SHvirij **aus**tsuSHprejøn*

tengo unas nociones pero nada más
ich kenne wirklich nur die Grundlagen
*ij kenø **vir**klij nur di **grunt**laguøn*

saber un poco de inglés ayuda
es hilft, ein wenig Englisch zu sprechen
*es **Hilft** ain wenij **eng**liSH tsu SHprejøn*

Entender

du sprichst sehr gut
hablas muy bien

ich finde, du sprichst sehr gut
me parece que te defiendes muy bien

Sie haben fast keinen Akzent
no tiene usted mucho acento

PEDIR INDICACIONES

Expresarse

por favor, ¿dónde está...?
Verzeihung, wo ist..., bitte?
*fer**tsa**yung, **vo** ist..., bitø?*

..., ¿por dónde está?
in welcher Richtung ist...?
*in **vel**jør rijtung ist...?*

estoy buscando...
ich suche...
*ij **zu**jø...*

¿podría decirme cómo se va a...?
können Sie mir sagen, wie man zu/nach... kommt?
***kø**nøn zi mir **za**guøn, vi man tsu/naj... komt?*

¿cuál es la carretera de...?
welche Straße führt nach...?
***vel**jø SHtrasø vYrt naj...?*

¿está lejos?
ist es weit?
*ist es **vait**?*

¿me lo podría enseñar en el plano?
könnten Sie es mir auf der Karte zeigen?
***køn**tøn zi es mir auf der **kar**tø tsaiguøn?*

¿hay un plano de la ciudad en algún sitio?
gibt es irgendwo einen Stadtplan?
*guipt es **ir**guøntvo ainøn SH**tat**plan?*

me he perdido
ich habe mich verlaufen *(a pie)*/verfahren *(en coche)*
*ij Habø mij fer**lau**føn/fer**fa**røn*

estoy totalmente perdido
ich habe die Orientierung völlig
ij Habø di orientirung følij

creo que me he equivocado
ich glaube, ich habe mich geirrt
ij glaubø, ij Habø mij gueirt

Entender

abbiegen girar
folgen seguir
geradeaus todo recto
hinaufgehen subir
hinuntergehen bajar
links izquierda
rechts derecha
umkehren dar media vuelta
weiterfahren continuar *(en coche)*
weitergehen continuar *(a pie)*

sind Sie zu Fuß oder mit dem Auto unterwegs?
¿va andando o en coche?

es dauert fünf Minuten zu Fuß/mit dem Auto
está a 5 minutos andando/en coche

es ist die zweite Straße rechts
es la segunda calle a la derecha

nehmen Sie nach der Ampel die erste Straße links
coja la primera calle a la izquierda después del semáforo

nehmen Sie die nächste Ausfahrt
coja la próxima salida

es ist ganz in der Nähe/ziemlich weit/in dieser Gegend
está muy cerca/bastante lejos/aquí al lado

es ist gleich da/nach der Kreuzung
está ahí mismo/después del cruce

Sie werden sehen, es ist ausgeschildert
ya lo verá, está indicado

Sie sind fast da, sehen Sie das grüne Schild, da ist es gegenüber
ya casi ha llegado, ve el cartel verde, pues enfrente

CONOCERSE Y CHARLAR

Para empezar

barato billig *bilij*
bastante bien nicht schlecht *nijt SHlejt*
bonito schön *SHøn*
bien gut *gut*
caro teuer *toyør*
estupendo toll *tol*
interesante interessant *intøresant*
magnífico großartig *grosartij*
malísimo langweilig *langvailij*
muy bien sehr gut *zer gut*
odiar gar nicht mögen *gar nijt møguøn*
vacaciones Ferien *feriøn*
vale ok *oke*

PRESENTARSE, HABLAR DE UNO MISMO

Expresarse

me llamo..., ¿y tú?
ich heiße... und du?
ij Haisø... unt du?

¿cómo te llamas?
wie heißt du?
vi Haist du?

¿eres de aquí?
bist du von hier?
bist du fon Hir?

¿... y usted?
... und Sie?
... unt zi?

¿cómo se llama?
wie heißen Sie?
vi Haisøn zi?

¿es usted de aquí?
sind Sie von hier?
zint zi fon Hir?

te/le presento a...
das ist...
*das **ist**...*

(encantado,) yo soy...
(sehr erfreut,) ich bin...
*(zer er**froit**,) ij bin...*

soy español/española
ich bin Spanier/Spanierin
*ij bin SH**pa**niør/SH**pa**niørin*

soy de...
ich komme aus...
*ij **ko**mø aus...*

¿cuántos años tienes?
wie alt bist du?
*vi **alt** bist du?*

tengo veintidós años
ich bin zweiundzwanzig
*ij bin tsvaiunt**tsvan**tsij*

¿a qué se dedica?
was machen Sie so?
*vas **ma**jøn zi zo?*

¿eres estudiante?
bist du Student?
*bist du SHtu**dent**?*

estoy trabajando
ich arbeite
*ij **ar**baitø*

estudio economía
ich studiere Wirtschaft
*ij SHtudirø **virt**SHaft*

¿en qué trabajas?
in welchem Bereich arbeitest du?
*in veljøm bø**raij** arbaitøst du?*

¿en qué trabaja?
in welchem Bereich arbeiten Sie?
*in veljøm bø**raij** arbaitøn zi?*

soy profesor/profesora
ich bin Lehrer
*ij bin **le**rør*

estoy jubilado/jubilada
ich bin Rentner
*ij bin **rent**nør*

trabajo en marketing
ich arbeite im Marketing
*ij **ar**baitø im **mar**køting*

yo también
ich auch
*ij **auj***

tengo dos hijos, uno de tres años y otro de nueve
ich habe zwei Kinder, drei und neun Jahre alt
*ij Habø tsvai **kin**dør, drai unt noin **ya**rø alt*

¿cuántos años tienen?
wie alt sind sie?
*vi **alt** zint zi?*

CONOCERSE Y CHARLAR

¿ha estado en España alguna vez?
sind Sie schon in Spanien gewesen?
sint zi SHon in SHpaniøn gevezøn

Entender

sind Sie Spanier/Spanierin?
¿es usted español/española?

ich kenne Spanien gut
conozco bien España

wir haben hier ein Ferienhaus
tenemos una casa aquí para pasar el verano

ich würde gern Sevilla kennen lernen
me gustaría mucho conocer Sevilla

ich habe Verwandte in Spanien
tengo familia en España

HABLAR DE LA ESTANCIA

Expresarse

llegué hace tres días
ich bin vor drei Tagen angekommen
ij bin for drai taguøn anguekomøn

es la primera vez que vengo
ich bin zum ersten Mal hier
ij bin tsum erstøn mal Hir

he venido sólo para tres días
ich bin nur für drei Tage hier
ij bin nur fyr drai taguø Hir

estoy aquí de paso nada más
ich bin hier nur auf Durchreise
ij bin Hir nur auf durjraizø

he venido con una amiga
ich bin mit einer Freundin hier
ij bin mit ainør froindin Hir

estamos en luna de miel
das ist unsere Hochzeitsreise
das ist unzørø Hojtsaitsraizø

hemos venido por nuestro aniversario de bodas
wir sind zu unserem Hochzeitstag hier
vir zint tsu unzørøm Hojtsaitstak Hir

he venido a ver a unos amigos
ich bin hier, um Freunde zu treffen
ij bin HIR *um* ***froin****dø tsu treføn*

estoy de vacaciones
ich bin im Urlaub
ij bin im ***ur****laup*

estoy visitando la zona
ich bereise die Gegend
*ij be****rai****zø di* ***gue****guønt*

estoy aquí por asuntos de trabajo
ich bin geschäftlich hier
*ij bin gue****SHeft****lij* HIR

me han recomendado ir a...
man hat mir empfohlen, nach... zu gehen
man HAT *mir em****pfo****løn, naj... tsu gueøn*

tengo pensado ir a...
ich habe vor, nach... zu gehen
ij HA*bø* ***for****, naj... tsu gueøn*

Entender

gute Weiterreise!
¡que te/le vaya bien!

sind Sie zum ersten Mal hier?
¿es la primera vez que viene?

wie lange bist du schon hier?
¿cuánto tiempo llevas aquí?

gefällt es Ihnen?
¿le gusta?

haben Sie... schon besichtigt?
¿ha ido ya a ver...?

MANTENER EL CONTACTO

Expresarse

seguimos en contacto ¿vale?
wir bleiben in Kontakt, ja?
vir ***blai****bøn in kon****takt****, ya?*

te puedo dar mi dirección de e-mail
ich kann dir meine E-Mail-Adresse geben
*ij kan dir mainø **i**meil-adresø **gue**bøn*

éstas son mis señas en España, por si un día pasa por allí
hier ist meine Adresse in Spanien, wenn Sie einmal in der Nähe sind
*Hir ist mainø adresø in **sHpa**niøn, ven zi **ain**mal in der **ne**Hø zint*

Entender

gibst du mir deine Adresse?
¿me das tu dirección?

haben Sie eine E-Mail-Adresse?
¿tiene e-mail?

Sie sind jederzeit willkommen
hasta cuando queráis

CAMBIO DE IMPRESIONES

Expresarse

buena idea, ¿por qué no?
das ist eine gute Idee, warum nicht?
*das ist ainø gutø id**e**, **va**rum nijt?*

es genial
das ist toll
*das ist **tol***

me gusta mucho...
mir gefällt... sehr
*mir gue**felt**... **zer***

no me gusta mucho...
mir gefällt... nicht besonders
*mir gue**felt**... nijt bø**zon**dørs*

me gustaría...
ich würde gern...
*ij vYrdø **guern**...*

me gusta
das gefällt mir
*das gue**felt** mir*

me ha gustado mucho...
mir hat sehr gefallen...
*mir Hat **zer** gue**fal**øn...*

me encanta...
ich finde... toll
*ij findø... **tol***

me parece...
ich finde das...
*ij **fin**dø das...*

CONOCERSE Y CHARLAR

estoy de acuerdo
ich bin einverstanden
*ij bin **ain**ferSHtandøn*

no estoy de acuerdo
ich bin nicht einverstanden
*ij bin nijt **ain**ferSHtandøn*

no lo sé
ich weiß nicht
*ij **vai**s nijt*

me da igual
das ist mir egal
*das ist mir e**gal***

no me hace mucha gracia
das sagt mir nicht besonders zu
*das zagt mir nijt bø**zon**dørs tsu*

me pone nervioso/nerviosa
das nervt mich
*das **nerft** mij*

es demasiado turístico
das ist eine Touristenfalle
*das ist ainø tu**ris**tønfalø*

hay mucha marcha por la noche
da ist abends viel los
*da ist **a**bønts fil los*

hay demasiada gente
es ist überfüllt
*es ist Ybør**fYl**t*

había mucha gente
es waren viele Leute da
*es varøn filø **loi**tø da*

me he muerto de aburrimiento
ich habe mich zu Tode gelangweilt
*ij Habø mij tsu **to**dø gue**lang**vailt*

nos hemos divertido mucho
wir haben uns gut unterhalten
*vir Habøn uns gut untør**Hal**tøn*

no he entendido mucho
ich habe nicht viel verstanden
*ij Habø nijt fil ver**SHtan**døn*

había un ambiente buenísimo
es war eine tolle Stimmung
*es var ainø **to**llø **SHti**mung*

he conocido gente muy maja
ich habe sehr nette Leute kennen gelernt
*ij Habø **zer** netø loitø **ke**nøn gue**lernt***

hemos encontrado un hotelito muy agradable
wir haben ein nettes kleines Hotel gefunden
*vir Habøn ain netøs klainøs Ho**tel** gue**fun**døn*

Entender

magst du...?
¿te gusta...?

hat es dir gefallen?
¿te ha gustado?

wir könnten...
podríamos...

hast du Lust,...?
¿te apetece...?

und wenn wir...?
¿qué tal si...?

es gibt dort nichts besonderes zu sehen
no es nada del otro mundo

das ist eine sehr schöne Gegend
es una zona preciosa

Sie müssen unbedingt... probieren
no deje de probar...

Sie sollten hingehen
debería ir

das lohnt einen Umweg
merece la pena

es ist besser, unter der Woche hinzugehen; da ist weniger los
es mejor ir entre semana, hay menos gente

Algunas expresiones familiares

beschissen hecho una mierda
wir haben uns wie verrückt amüsiert nos lo hemos pasado bomba

HABLAR DEL TIEMPO

Expresarse

¿qué tiempo han previsto para mañana?
wie ist die Wettervorhersage für Morgen?
vi ist di vetørvorHerzaguø fʏr morguøn?

va a hacer mal tiempo
es wird schlecht
es virt SHlejt

va a hacer bueno
es wird schön
es virt SHøn

¡qué asco de tiempo!
was für ein scheußliches Wetter!
vas fYr ain SHoislijøs vetør!

qué día tan bonito, ¿eh?
schöner Tag, nicht?
SHønør tak, nijt?

tenemos suerte con el tiempo
wir haben Glück mit dem Wetter
vir Habøn glYk mit dem vøtør

¡hace un calor!
es ist wirklich heiß!
es ist virklij Hais!

ha hecho un tiempo magnífico
wir hatten herrliches Wetter
vir Hatøn Herlijøs vetør

ha habido más de 35 grados
wir hatten mehr als fünfundreißig Grad
vir Hatøn mer als fYnf unt draisij grad

por la noche hace frío
abends ist es kalt
abønts ist es kalt

hay mucha humedad
es ist feucht
es ist foijt

Entender

es könnte Regen geben
es posible que llueva

sie haben schönes Wetter für die ganze Woche angekündigt
han anunciado buen tiempo para toda la semana

Algunas expresiones familiares

es ist bitterkalt hace un frío que pela
es ist eine Bullenhitze hace un calor de morirse
ein Sauwetter un tiempo asqueroso

VIAJAR Y MOVERSE

Para empezar

aeropuerto	der Flughafen *der* ***fluk****Haføn*
alquilar	mieten ***mi****tøn*
andén	der Bahnsteig *der* ***ban****SHtaik*
autobús	der Omnibus *der* ***om****nibus*
autocar	der Bus *der bus*
autopista	die Autobahn *di* ***au****toban*
avión	das Flugzeug *das* ***fluk****tsoik*
barco	das Schiff *das shif*
billete	*(de tren, autobús)* der Fahrschein *der* ***far****SHain; (avión)* das Ticket *das* ***ti****køt*
calle	die Straße *di* ***SHtra****sø*
carretera	die Straße *di* ***SHtra****sø*
centro ciudad	das Stadtzentrum *das* ***SHtat****tsentrum*
coche	der Wagen *der* ***va****guøn*
consigna	die Gepäckaufgabe *di gue****pek****aufgabø*
embarque	das Einchecken *das* ***aint****SHekøn*
equipaje	das Gepäck *das gue****pek***
estación de autobuses	der Busbahnhof *der* ***bus****banHof*
estación de metro	die U-Bahnstation *di* ***u****banSHtatsion*
estación (de tren)	der Bahnhof *der* ***ban****Hof*
facturación	die Reiseabfertigung *di* ***rai****zø****ap****fertigung*
ferry	die Fähre *di* ***fe****rø*
horarios	der Fahrplan *der* ***far****plan*
ida y vuelta	*(tren, autobús)* der Hin-und Rückfahrschein *der* ***Hin*** *unt* ***rYk*** *farSHain; (avión)* das Rückflugticket *das* ***rYk*** *fluktikøt*
mapa	die Karte *di* ***kar****tø*
metro	die U-Bahn *di* ***u****ban*
parada de autobús	die Bushaltestelle *di* ***bus****HaltSHtelø*
pasaporte	der Reisepass *der* ***rai****zøpas*

plano	der (Stadt-)plan *der (SHtat-)plan*
puerta	der Flugsteig *der* ***fluk****SHtaik*
reservar	reservieren *rezer****vi****røn*
sólo ida	*(tren, autobús)* ein einfacher Fahrschein *ain ainfajør* ***far****SHain; (avión)* ein einfacher Flug *ain* ***ain****fajør* ***fluk***
taxi	das Taxi *das taksi*
terminal	das Terminal *das termi****nal***
ticket	*(tren, autobús)* der Fahrschein *der* ***far****SHain; (avión)* das Ticket *das tikøt*
tranvía	die Straßenbahn *di* ***SHtra****sønban*
tren	der Zug *der tsuk*
vuelo	der Flug *der fluk*

Expresarse

¿dónde puedo comprar billetes?
wo kann ich Fahrscheine lösen?
vo kan ij ***far****SHainø* ***lø****zøn?*

un billete a...
einen Fahrschein nach...
ainøn ***far****SHain naj...*

quisiera reservar un billete
ich möchte eine Fahrt reservieren
ij møjtø ainø ***fart*** *rezervirøn*

¿cuánto cuesta un billete a...?
wie viel kostet eine Fahrt nach...?
vifil ***kos****tøt ainø fart naj...?*

¿hay descuentos para estudiantes?
gibt es Studentenermäßigung?
*guipt es SHtu****den****tønermesigung?*

¿podría darme un folleto con los horarios?
kann ich einen Fahrplan haben?
kan ij ainøn ***far****plan Habøn?*

VIAJAR Y MOVERSE

¿le quedan plazas para...?
haben sie noch Plätze nach ...?
*Habøn so noj **ple**tsø naj ...?*

¿no hay más pronto/tarde?
früher/später haben Sie nichts?
*frYør/SHpetør Habøn zi **nijts**?*

lo siento, está ocupado
es tut mir Leid, es ist schon belegt
*es tut mir **lai**t, es ist SHon bø**legt***

¿cuánto dura el viaje?
wie lange dauert die Reise?
*vi **lan**guø dauørt di **rai**zø?*

¿está libre este asiento?
ist dieser Platz frei?
*ist dizør plats **frai**?*

Entender

Abfahrt	salidas
Ankunft	llegadas
Ausgang	salida
Auskunft	información
Damentoiletten	servicio de señoras
Eingang	entrada
es ist alles belegt	lleno
gestrichen, gecancelt	cancelado
Herrentoiletten	servicio de caballeros
Toiletten	servicios
Umsteigen	conexiones *(en un aeropuerto)*, correspondencias *(de metro)*
verspätet	retraso
Zutritt verboten	prohibido el paso

EN AVIÓN

Hay muchos vuelos interiores pero, a menudo, los precios son prohibitivos comparados con los del tren. Además de Lufthansa, existen muchas compañías más pequeñas con vuelos entre las distintas ciudades así como a las islas de Frisia Septentrional.

Expresarse

¿dónde se factura el equipaje para Lufthansa?
wo ist die Reiseabfertigung der Lufthansa?
vo ist di raizøapfertigung der luftHanza?

una maleta y un bolso de mano
ein Koffer und ein Handgepäck
ain koførunt ain Hantguepek

¿a qué hora embarcamos?
um wieviel Uhr checken wir ein?
um vifil ur tsHekøn vir ain?

quisiera confirmar el vuelo de vuelta
ich möchte meinen Rückflug bestätigen
ij møjtø mainøn rYkfluk bøsHtetiguøn

me falta una maleta
mir fehlt ein Koffer
mir felt ain kofør

el avión ha llegado con dos horas de retraso
das Flugzeug hatte zwei Stunden Verspätung
das fluktsoik Hatø tsvai sHtundøn fersHpetung

mi equipaje no ha llegado
mein Gepäck ist nicht angekommen
main guepek ist nijt anguekomøn

he perdido la conexión
ich habe den Anschluss verpasst
*ij Habø den **an**sHlus fer**past***

se me ha olvidado una cosa en el avión
ich habe etwas im Flugzeug vergessen
*ij Habø etvas im **fluk**tsoik fer**gue**søn*

quiero hacer una reclamación por la pérdida de mi equipaje
ich möchte eine Verlustanzeige für mein Gepäck aufgeben
*ij møjtø ainø fer**lus**tantsaiguø fyr main gue**pek** **auf**guebøn*

Entender

Einchecken (sofort) embarque (inmediato)
Eincheckhalle sala de embarque
Gepäckaufgabe facturación de equipajes
Gepäckausgabe/Kofferterminal recogida de equipajes
Inlandflüge vuelos nacionales
nichts zu verzollen nada que declarar
Zoll aduana
zu verzollende Waren algo que declarar

warten Sie bitte in der Eincheckhalle
por favor, esperen en la sala de embarque

ein Fensterplatz oder ein Platz am Gang?
¿un asiento de ventanilla o de pasillo?

Sie haben fünfzehn Kilo zu viel
tiene un exceso de equipaje de quince kilos

wie viele Gepäckstücke haben Sie?
¿cuántas maletas tiene?

hier ist Ihre Eincheckkarte/Bordkarte
ésta es su tarjeta de embarque

gehen Sie bitte zu Gate.../zum Flugsteig...
por favor, diríjanse a la puerta...

rufen Sie diese Nummer an, wenn Sie wissen wollen, ob Ihr Gepäck angekommen ist
llame a este número para saber si su equipaje ha llegado

EN TREN, AUTOBÚS, METRO, TRANVÍA

La red ferroviaria alemana es excelente, sobre todo gracias al **ICE** (el AVE alemán). Sin embargo, hay que destacar que los trenes hacia el Este pueden ser todavía bastante lentos. Los billetes son caros pero la **DB** (**Deutsche Bundesbahn**, el equivalente de RENFE) ofrece muchas posibilidades de descuento (**Bahncard**, **Monatsticket**, **Supersparpreisticket**, billetes **BIJ**); hay que informarse en la taquilla. Los trenes con reserva obligatoria se anuncian en los tablones de anuncios con una **R** en un círculo.

Todas las grandes ciudades, como Berlín, Hannover, Munich o Frankfurt, tienen **U-Bahn** (metro). El **S-Bahn** es el equivalente a los cercanías; cubre amplias zonas urbanas. Las **Tageskarten** (abonos para todo el día) y las **Wochenkarten** (abonos semanales) son válidas para el conjunto de la red urbana (S-Bahn incluido).

Los billetes de autobús o de tranvía se compran en las máquinas expendedoras que hay en las paradas o en las estaciones. Los conductores también venden billetes de un viaje, que son más caros que los abonos de un día o de una semana. Al igual que en el metro, normalmente las paradas se anuncian con mucha claridad (oralmente y a veces en un panel electrónico).

Expresarse

¿me puede dar un plano del metro?
kann ich einen U-Bahn-Plan haben?
***kan** ij ainøn **u**banplan Habøn?*

¿a qué hora es el próximo tren a...?
wann geht der nächste Zug nach...?
van guet der nejstø tsuk naj…?

¿a qué hora sale el último tren?
wann geht der letzte Zug?
van guet der letstø tsuk?

¿de qué andén sale el tren de...?
an welchem Gleis fährt der Zug nach… ab?
an veljøn glais fert der tsuk naj… ap?

¿qué línea tengo que coger para ir a...?
welche Linie fährt nach…?
veljø liniø fert naj…?

¿ésta es la parada de...?
das ist doch die Haltestelle für…?
das ist doj di HaltøSHtelø fyr …?

he perdido mi tren
ich habe meinen Zug verpasst
ij Habø mainøn tsuk ferpast

¿sale de aquí el autobús a...?
der Bus nach… fährt doch hier ab?
der bus naj… fert doj Hir ap?

¿podría decirme cuándo hay que bajar?
können Sie mir Bescheid sagen, wenn ich aussteigen muss?
kønøn zi mir bøSHait zaguøn, ven ij ausSHtaiguøn mus?

Entender

Fahrscheine	taquilla
monatlich	mensual
Reservierungen	reservas
Tagesübersicht der Abfahrten	salidas diurnas
wöchentlich	semanal
zu den Gleisen	acceso a los andenes

es gibt eine Haltestelle in dieser Richtung auf der rechten Seite
hay una parada un poco más adelante a la derecha

Sie müssen in... umsteigen
tiene un transbordo *(tren)*/una correspondencia *(metro)* en…

Sie müssen den Bus Nummer... nehmen
tiene que coger el autobús número...

dieser Zug hält in den folgenden Bahnhöfen:...
este tren para en las estaciones de...

beim übernächsten Halt in zwei Stationen
en la segunda parada

EN COCHE

Aunque la red de carreteras alemana es en conjunto buena, las constantes obras suelen ralentizar bastante la circulación. Hay que tener cuidado también con las salidas de autopista, que a menudo son malas y están mal iluminadas de noche. Las autopistas, gratuitas, están indicadas mediante una «A» sobre una gran señal azul. El cinturón de seguridad es obligatorio tanto delante como detrás. Los coches funcionan con gasolina sin plomo (**bleifrei**) y la súper normal ya no se comercializa. En ciudad, hay que adelantar a los tranvías por la derecha y no se les puede adelantar en las paradas. Los centros de muchas ciudades son peatonales e inaccesibles a los coches. Es muy recomendable aparcar en alguno de los numerosos aparcamientos subterráneos. En caso de avería, llame al **ADAC**, servicio de ayuda en carretera que funciona en todas las ciudades. Se pagan las piezas pero la mano de obra es gratis (tel.: 0180/2222-222, no marque el 0180 si llama desde un móvil).

En Alemania no se suele hacer autoestop (prohibido en las autopistas). Pero existe una especie de autoestop organizado (con gastos no muy altos para poder beneficiarse del sistema), gracias a las **Mitfahrzentrale** (agencias para compartir coche) que hay en todas las ciudades (tel.: 194 44). También suele haber anuncios para compartir coche en las universidades.

A partir de las 21.00 y durante toda la noche, las mujeres que van solas puede coger los **Frau-taxis**, que garantizan su seguridad. El precio es el mismo que el de un trayecto en autobús.

Expresarse

¿dónde hay una gasolinera?
wo finde ich eine Tankstelle?
*vo findø ij ainø **tank**SHtelø?*

lleno sin plomo, por favor
volltanken mit Bleifrei, bitte
***fol**tankøn mit **blai**frai, bitø*

nos hemos quedado parados en un atasco
wir steckten in einem Verkehrsstau
*vir **SHtek**tøn in ainøm fer**kers**SHtau*

¿hay algún taller mecánico por aquí?
gibt es hier irgendwo eine Werkstatt?
*guipt es Hir irguønt**vo** ainø **verk**SHtat?*

¿podría llevarme a la gasolinera más próxima?
könnten Sie mich bis zur nächsten Tankstelle mitnehmen?
***køn**tøn zi mij bis tsur **nek**støn **tank**SHtelø **mit**nemøn?*

tengo una avería
ich habe eine Panne
*ij Habø ainø **pa**nø*

nos hemos quedado sin gasolina
ich habe kein Benzin mehr
*ij Habø **kain** bentsin mer*

he pinchado
ich hatte eine Reifenpanne
*ij Hatø ainø **rai**fønpannø*

hemos tenido un accidente
wir hatten gerade einen Unfall
*vir Hatøn gue**ra**dø ainøn **un**fal*

la batería está descargada
die Batterie ist leer
*di bate**ri** ist ler*

¿cuánto tiempo tardarán en repararlo?
wie lange dauert die Reparatur?
*vi **lan**guø dauørt di repara**tur**?*

he perdido las llaves del coche
ich habe meine Autoschlüssel verloren
*ij Habø mainø **au**toSHlYsøl fer**lo**røn*

• Alquiler de coches

quisiera alquilar un coche para una semana
ich möchte ein Auto für eine Woche mieten
*ij møjtø ain auto fYr ainø vojø **mi**tøn*

un coche con cambio automático
ein Wagen mit Automatikgetriebe
*ain vaguøn mit **au**tomatikguet**ri**bø*

quisiera tener un seguro a todo riesgo
ich würde gern eine Vollkaskoversicherung abschließen
*ij vYrdø guern ainø **fol**kaskofer**zi**jørung **ap**SHlisøn*

VIAJAR Y MOVERSE

• En taxi

quisiera ir a la estación/a la calle Goethe/a Kreuzberg
bitte zum Bahnhof/in die Goethestraße/nach Kreuzberg
*bitø tsum **ban**Hof/in di **guø**tøSHtrasø/naj **kroit**sberk*

puede parar aquí, gracias
Sie können hier anhalten, vielen Dank
*zi **kø**nøn Hir **an**Haltøn, **vi**løn dank*

necesito un taxi a las ocho
ich bräuchte ein Taxi für acht Uhr
*ij broijtø ain **tak**si fYr ajt ur*

¿cuánto me cuesta ir al aeropuerto?
wie viel kostet eine Fahrt zum Flughafen?
*vifil **ko**støt ainø **far**t tsum **fluk**Haføn?*

• En auto-stop

voy a...
ich fahre nach...
ij farø naj...

¿podría dejarme aquí?
können Sie mich hier aussteigen lassen?
kønøn zi mij Hir ausSHtaiguøn lasøn?

gracias por traerme
vielen Dank fürs Mitnehmen
filøn dank fyrs mitnemøn

hemos venido en autoestop
wir sind per Anhalter gekommen
vir zint per anHaltør guekomøn

Entender

alle Richtungen todas las direcciones
andre Richtungen otras direcciones
Autovermietung alquiler de coches
besetzt completo
langsam fahren reduzca la velocidad
Parken verboten prohibido aparcar
Parkplatz aparcamiento
voll lleno

bewahren Sie Ihr Ticket auf
conserve su billete

ich brauche Ihren Führerschein, Ihren Personalausweis und Ihre Kreditkarte
necesito su permiso de conducir, un documento de identidad y su tarjeta de crédito

die Kaution beträgt hundert Euro
la fianza es de 100 euros

gut, steigen Sie ein, ich nehme Sie bis... mit
bueno, suba, le voy a acercar hasta...

EN BARCO

Los principales servicios de ferry con destino a Escandinavia están en Kiel y Travemünde (Schleswig-Holstein), Rostock y Sassnitz (Mecklemburgo – Antepomerania). Las salidas hacia el Reino Unido se efectúan desde Hamburgo. Los precios y los horarios varían en función de la estación.

De abril a octubre, las excursiones y los cruceros por los lagos y los ríos son una forma privilegiada y bastante asequible de visitar el país. Los trayectos más habituales son la visita a las islas de Frisia Septentrional, el legendario descenso del Rin, los cruceros por el Mosela y el Elba, y la navegación en el lago Constanza (en verano). El puerto de Hamburgo se puede visitar en barco. En Berlín, el crucero entre dicha ciudad y Potsdam (lago de Wannsee) es muy popular.

Expresarse

¿cuánto dura la travesía?
wie lange dauert die Überfahrt?
vilanguø dauørt di Y*børfart?*

estoy mareado
ich bin seekrank
ij bin **ze***krank*

Entender

nächste Abfahrt:...	próxima salida a...
Passagiere ohne Fahrzeug	pasajeros sin vehículo

EL ALOJAMIENTO

Los precios de los hoteles no varían mucho de una temporada a otra. Es muy aconsejable reservar con antelación, sobre todo en verano. Se encuentran habitaciones individuales a partir de 22 € la noche,aunque el precio medio ronda los 30 €. Los precios son algo más altos en las grandes ciudades como Berlín, Frankfurt, Hamburgo y Munich. En la actualidad, ya no hay diferencias entre los precios del Este y del Oeste. Dado que la calidad de los hoteles es en general buena, los hoteles de categoría ofrecen pocas ventajas comparativas (sauna o gimnasio, por ejemplo). La Oficina nacional alemana de turismo edita un folleto en el que recoge una serie de hoteles de precios asequibles.

Hay muchas pensiones (**Pensionen**) en las grandes ciudades, aunque son menos comunes en los pueblos. No suelen estar mal y los precios oscilan entre los 20 y 30 € la habitación individual, y los 30 o 40 €, la doble. Negocio casi siempre familiar, las pensiones suelen disponer de unas pocas habitaciones confortables pero sin lujos. Se puede desayunar y comer, y en algunas incluso sirven cenas.

El alojamiento en casas particulares es muy habitual en Alemania. Ventajoso desde el punto de vista económico, es también una forma de conocer mejor el país. Hay que buscar los carteles «**Zimmer frei**» (habitación libre). Los precios van de 25 a 30 € para dos personas con desayuno incluido.

Los campings están bien equipados. Los precios varían de 3 a 5 € por persona y unos 5 € por parcela. Atención: muchas veces la ducha, el agua caliente y el papel higiénico se pagan aparte. La federación alemana de camping (**DDC**) es la mejor fuente de información sobre esta forma de alojamiento.

Para empezar

albergue juvenil	die Jugendherberge *di* ***yu****guøntHerberguø*
alquilar	mieten ***mi****tøn*
bañarse	ein Bad nehmen *ain* ***bat*** *nemøn*
cama de matrimonio	das Doppelbett *das* ***do****pølbet*

cama individual	das Einzelbett *das* ***ain****tsølbet*
camping	der Campingplatz *der* ***kem****pingplats*
caravana	der Wohnwagen *der* ***von****vaguøn*
casa	das Haus *das Haus*
con cocina	mit Küche *mit* ***kY****jø*
con ducha	mit Dusche *mit* ***du****SHø*
desayuno incluido	Frühstück inklusive *frYSHtYuk inkluzivø*
ducharse	duschen ***du****SHøn*
habitación doble	das Doppelzimmer *das* ***do****pøltsimør*
habitación individual	das Einzelzimmer *das* ***ain****tsøltsimør*
hotel	das Hotel *das Ho****tel***
inquilino	der Mieter *der* ***mi****tør*
llave	der Schlüssel *der* ***SHlY****søl*
media pensión	die Halbpension *di* ***Halp****pen****zion***
pensión completa	die Vollpension *di* ***fol****pen****zion***
piso	die Wohnung *di* ***vo****nung*
precio por persona	der Preis pro Person *der* ***prais*** *pro per****zon***
propietario	der Besitzer *der bø****zi****tsør*
reservar	reservieren *rezer****vi****røn*
servicios	die Toiletten *di toi****le****tøn*
televisión por satélite	Satellitenfernsehen *zate****li****tøn****fern****zeøn*
tienda	das Zelt *das tselt*
todo incluido	alles inbegriffen ***a****løs* ***in****bøgriføn*

Expresarse

¿me puede escribir la dirección?
können sie mir die Adresse aufschreiben?
kø*nøn zi mir di a****dre****sø* ***auf****SHraibøn?*

¿dónde se puede hacer la compra por aquí?
wo kann ich hier einkaufen?
vo *kan ij Hir* ***ain****kauføn?*

¿cómo funciona la ducha?
wie funktioniert die Dusche?
*vi funktsio****nirt*** *di* ***du****SHø?*

¿podría quedarme una noche más?
könnte ich eventuell noch eine Nacht bleiben?
***kø**ntø ij eventuel noj ainø **najt** blaibøn?*

¿admiten tarjetas de crédito?
nehmen Sie Kreditkarten?
***ne**møn zi kre**dit**kartøn?*

¿hay algún banco por aquí?
gibt es hier irgendwo eine Bank?
*guipt es Hir irguøntv**o** ainø bank?*

he reservado (por teléfono) a nombre de...
ich habe (telefonisch)... reserviert auf den Namen...
*ij Habø (tele**fo**nij)... rezer**virt** auf den **na**møn...*

Entender

Bad	(cuarto de) baño
belegt	completo
Doppelzimmer	habitación doble
Einzelzimmer	habitación individual
privat	privado
Rezeption	recepción
Zimmer frei	habitaciones libres
Zimmer mit Bad	habitación con baño

kann ich Ihren Reisepass sehen?
¿me permite su pasaporte?

können Sie dieses Formular ausfüllen?
¿puede rellenar este impreso?

HOTELES Y HABITACIONES

Expresarse

quisiera reservar una habitación doble para mañana
ich würde gern ein Doppelzimmer für morgen abend reservieren
*ij vʏrdø guern ain **do**pøltsimør fʏr **mor**guøn **a**bønt rezer**vi**røn*

quisiera reservar dos habitaciones individuales para tres noches
ich würde gern zwei Einzelzimmer für drei Nächte reservieren
*ij vʏrdø guern tsvai **ain**tsøltsimør fʏr drai nejtø rezer**vi**røn*

¿le quedan habitaciones libres?
haben Sie noch Zimmer frei?
*Habøn zi noj **tsi**mør **frai**?*

una habitación individual que no sea cara
ein preiswertes Einzelzimmer
*ain **prais**vørtøs **ain**tsøltsimør*

es para una pareja y dos niños
es soll für ein Paar mit zwei Kindern sein
*es zol fʏr ain **par** mit tsvai kindør zain*

no importa mucho
das spielt wirklich keine Rolle
*das SHpilt **vir**klij kainø **ro**lø*

¿puedo ver la habitación?
kann ich das Zimmer sehen?
*kan ij das tsimør **ze**øn?*

está bien, me la quedo
gut, das nehme ich
***gut**, das **ne**mø ij*

¿tiene algo más tranquilo?
haben Sie ein ruhigeres Zimmer?
*Habøn zi ain **rui**guørøs tsimør?*

¿se podría poner una cama supletoria?
ist es möglich, ein zusätzliches Bett aufzustellen?
*ist es **mø**glij ain tsuzetslijøs bet **auf**tsuSH**te**løn?*

pensamos quedarnos dos noches
wir haben vor, zwei Nächte zu bleiben
*vir Habøn vor, tsvai nejtø tsu **blai**bøn*

¿me podría indicar otro hotel?
könnten Sie mir ein anderes Hotel empfehlen?
***køn**tøn zi mir ain andørøs Hotel empfeløn?*

EL ALOJAMIENTO

¿cuánto cuesta una habitación con baño?
wie viel kostet ein Zimmer mit Bad?
vifil ***kos****tøt ain* ***tsi****mør mit bat?*

¿no tiene nada más barato?
haben Sie nichts billigeres?
Habøn zi ***nijts bi****liguørøs?*

¿el desayuno está incluido?
ist das Frühstück im Preis inbegriffen?
ist das ***fr****YSHtYk im prais inbøgriføn?*

¿el hotel está cerca del centro?
liegt das Hotel nahe am Stadtzentrum?
*ligt das Ho****tel*** *naHø am* ***SHtat****tsentrum?*

creo que sobre las siete
voraussichtlich gegen sieben Uhr
*fo****raus****zijtlij gueguøn zibøn* ***ur***

me gustaría cambiar de habitación, la mía es demasiado ruidosa
ich würde gern das Zimmer wechseln, meines ist zu laut
ij vYrdø guern das ***tsi****mør* ***vek****søln,* ***mai****nøs ist tsu laut*

¿me pueden dar otra manta?
kann ich eine zusätzliche Decke haben?
kan ij ainø ***tsu****zetslijø* ***dek****kø Habøn?*

¿hay enchufe para afeitarse?
gibt es einen Stromanschluss für den Rasierapparat?
guipt es ainøn ***SHtrom****anSHlus fYr den razirapa****rat****?*

el aire acondicionado no funciona
die Klimaanlage funktioniert nicht
di ***kli****ma****an****laguø funktsio****nirt*** *nijt*

no hay tapón en la bañera
es ist kein Stöpsel in der Badewanne
es ist kain ***SHtøp****søl in der* ***ba****døvanø*

no consigo que funcione la ducha
es gelingt mir nicht, die Dusche in Betrieb zu setzen
es guelingt mir ***nijt****, di* ***du****SHø in bø****trip*** *tsu* ***zet****søn*

EL ALOJAMIENTO

¿me puede enseñar cómo funciona?
können Sie mir zeigen, wie das funktioniert?
kønøn zi mir ***tsai****guøn vi das funktsionirt?*

no tenemos toallas
wir haben keine Handtücher
vir Habøn kainø ***Hant****tYjør*

no queda papel higiénico
es ist kein Toilettenpapier mehr da
es ist kain toiletønpapir mer ***da***

la llave de la 24, por favor
der Schlüssel von Zimmer Nummer vierundzwanzig, bitte
der ***SHlY****søl fon tsimør numør firunt-****tsvan****tsij, bitø*

Entender

es gibt da ein recht preisgünstiges Hotel, und es ist wirklich ganz in der Nähe von...
hay un hotel que no es demasiado caro muy cerquita de...

was suchen Sie?
¿qué es lo que busca?

mit oder ohne Bad?
¿con o sin baño?

nein, es tut mir Leid, wir sind voll belegt
no, lo siento, está completo

ich habe nur noch ein Doppelzimmer
sólo me queda una habitación doble

wie viele Nächte bleiben Sie?
¿para cuántas noches es?

wie ist Ihr Name, bitte?
¿su nombre, por favor?

wann kommen Sie voraussichtlich an?
¿a qué hora piensa llegar?

das ist der Haustürschlüssel, der andere ist für Ihr Zimmer
esta es la llave de la puerta de entrada y la otra la de su habitación

die Zimmer müssen bis spätestens zwölf Uhr geräumt werden
se ruega dejen la habitación libre antes de las doce del mediodía

das Frühstück wird zwischen halb acht und neun Uhr serviert
el desayuno se sirve entre las 7.30 y las 9.00

ALBERGUES JUVENILES

Expresarse

¿puedo dejar la mochila en recepción?
kann ich meinen Rucksack an der Rezeption lassen?
kan ij mainøn ***ruk****zak an der retsept****sion*** *lasøn?*

vendré a buscarla sobre las siete
ich hole ihn gegen sieben Uhr ab
ij ***Ho****lø in gueguøn zibøn* ***ur*** *ap*

no hay agua caliente
es gibt kein Warmwasser
es guipt kain ***varm****vasør*

el fregadero está atascado
die Spüle ist verstopft
di ***SHpY****lø ist fer****SHtopt***

Entender

haben Sie eine (DJH)Club-Karte?
¿tiene tarjeta de socio?

der Bettbezug wird gestellt
se proporciona la ropa de cama

die Herberge ist ab sechs Uhr wieder geöffnet
el albergue vuelve a abrir a las seis

ALQUILER

Expresarse

busco algo que esté cerca del centro
ich suche etwas Zentrumsnahes
ij zujø etvas ***tsen****trumsnaHøs*

¿dónde tengo que coger/dejar las llaves?
wo soll ich die Schlüssel abholen/abgeben?
vo zol ij di SHlYssøl apHoløn/apguebøn?

¿dónde está el contador de la luz?
wo ist der Stromzähler?
vo ist der SHtromtseløR?

¿hay... de recambio?
gibt es eine Garnitur... zum Wechseln?
guipt es ainø garnitur... tsum veksøln?

¿dónde hay que dejar los cubos de basura?
wo werden die Mülleimer geleert?
vo verdøn di mYlaimør guelert?

lo siento, se me ha roto el/la...
es tut mir sehr Leid, ich habe den/die/das.... beschädigt
es tut mir zer lait, ij Habø den/di/das... bøSHedigt

no encuentro el/la...
ich finde den/die/das... nicht
ij findø den/di/das... nijt

he cerrado la puerta y me he dejado las llaves dentro
ich habe mich ausgeschlossen
ij Habø mij ausgueSHlosøn

Entender

es kommt jemand vorbei, um die Zimmer nach Ihrer Abfahrt zu reinigen
vendrá una persona a limpiar la habitación8 cuando se marchen

es ist voll möbliert
está completamente amueblado

Heizung, Strom und Gas sind im Preis inbegriffen
el precio incluye la calefacción, la electricidad y el gas

CAMPING

Expresarse

¿hay algún camping cerca de aquí?
gibt es einen Campingplatz hier in der Nähe?
guipt es ainøn ***kem****pingplats* Hir *in der* ***ne****Hø?*

quiero una plaza para una tienda para dos días
ich möchte einen Zeltplatz für zwei Tage
ij møjtø ainøn ***tsel****plats fyr tsvai taguø*

¿cuánto es al día?
wie viel kostet das pro Tag?
vifil kostøt das pro ***tak****?*

¿hay teléfono público?
gibt es eine Telefonzelle?
*guipt es ainø tele****fon****tselø?*

¿dónde están los cubos de basura?
wo sind die Mülltonnen?
vo *zint di* ***mYl****tonøn?*

quiero pagar – estábamos en el número sesenta y dos, calle B
ich möchte bezahlen; wir waren in Reihe B, Platz zweiundsechzig
*ij møjtø bøt****sa****løn; vir* ***va****røn in raiø* ***be****, plats tsvaiun****tzej****tsij*

¿podría prestarnos su...?
könnten Sie uns Ihre(n)... leihen?
køntøn zi uns irø(un)... ***la****iøn?*

Entender

Sie können mich selbstverständlich anrufen, wenn Sie ein Problem haben
no dude en llamarme si tiene algún problema

es kostet... pro Tag/pro Person und... pro Zelt
son... al día/por persona y... por tienda

Para comer algo de forma informal, pruebe el **Imbiss**, cafetería al estilo alemán en donde se sirven platos rápidos (salchichas a la plancha, patatas fritas...). También hay muchos establecimientos turcos. Das **Wirtshaus** o die **Gaststätte** (mesón) son restaurantes tradicionales que ofrecen una cocina sencilla y platos típicos de la región. Los **Restaurant** sirven por lo general cocina internacional aunque también incluyen especialidades alemanas. Los precios suelen ser bastante altos.

El desayuno alemán (**Frühstück**) suele ser más completo que el español: además del café (que se bebe mucho) y el té, los bollos y las tostadas, también incluye embutidos, queso, productos lácteos, cereales y fruta.

El almuerzo (**Mittagessen**) es tradicionalmente la comida más importante del día. Sin embargo, en la actualidad está cediendo protagonismo a la cena porque los trabajadores cada vez tienen menos tiempo para comer y muchas veces se conforman con un bocadillo. En los restaurantes, lo más normal es que ofrezcan un menú al mediodía pero que por la noche sólo tengan carta. Para la cena, no hay sorpresas. Aunque los alemanes suelen hacer una cena ligera en casa a partir de las 18.00, los restaurantes tienen la cocina abierta hasta las 22.00 o las 23.00.

Es muy raro que pongan una jarra de agua (del grifo). Cuando se pide agua mineral, hay que especificar «**stilles Wasser**» si se quiere agua sin gas; si no, sirven agua con gas. También hay que decir si se quiere pan, ya que muchas veces no se sirve con la comida. El servicio está incluido y la propina es optativa, aunque lo mejor es dejar algo en función de la calidad del servicio. Dé la propina directamente o diga el montante total que quiere pagar, pero no deje nunca la propina en la mesa. Si no quiere que le devuelvan el cambio, un simple «**stimmt**» (ya está bien) basta. Si se trata de un grupo de gente, el camarero pregunta si se quiere pagar junto (**zusammen**) o por separado (**getrennt**).

Para empezar

agua con gas/mineral	Mineralwasser *mineralvasør*
agua sin gas	stilles Wasser *SHtiløs vasør*
almorzar	zu Mittag essen *tsu mitak esøn*
almuerzo	das Mittagessen *das mitak esøn*
aperitivo	der Aperitif *der aperitif*
bocadillo	das belegte Brot *das bølegtø brot*
botella	die Flasche *di flaSHø*
café con leche	der Milchkaffee *der miljkafe*
(café) cortado	der Kaffee mit Milch *der kafe mit milj*
café solo	der Espresso *der espreso*
carta	die Speisekarte *di SHpaizøkartø*
cena	das Abendessen *das abønt esøn*
cenar	zu Abend essen *tsu abønt esøn*
cerveza	das Bier *das bir*
cerveza de barril	Bier vom Fass *bir vom fas*
Coca-cola®	die (Coca-)Cola® *di (koka-)kola*
comer *(al mediodía)*	zu Mittag essen *tsu mitak esøn*
comer *(en general)*	essen *esøn*
comida *(al mediodía)*	das Mittagessen *das mitak esøn*
cuenta	die Rechnung *di rejnung*
desayuno	das Frühstück *das frYSHtYk*
jarra	der Krug *der kruk*
menú (del día)	das Menü *das menY*
pedir	bestellen *bøSHteløn*
postre	die Nachspeise *di najSHpaizø*
primer plato	die Vorspeise *di forSHpaizø*
queso	der Käse *der kezø*
sándwich	das Sandwich *das senduitSH*
segundo plato	das Hauptgericht *das Hauptguørijt*
té	der Tee *der te*
vaso	das Glas *das glas*
vino blanco	der Weißwein *der vaisvain*
vino tinto	der Rotwein *der rotvain*
zumo	der Saft *der zaft*

Expresarse

¿vamos a picar algo?
gehen wir etwas essen?
*gueHøn vir etvas **es**øn?*

¿vamos a tomar una copa?
gehen wir einen trinken?
***gue**Høn vir ainøn **trin**køn?*

¿vamos a tomar un café?
gehen wir einen Kaffee trinken?
***gue**Høn vir ainøn kafe trinkøn?*

¿nos podría recomendar un restaurante?
können Sie uns ein Speiselokal empfehlen?
***kø**nøn zi uns ain SH**pa**izølokal em**pfe**løn?*

no tengo mucha hambre
ich habe keinen großen Hunger
*ij Habø **kai**nøn **gro**søn **Hun**guør*

me muero de hambre
ich habe einen Riesenhunger
*ij Habø ainøn **ri**zønHunguør*

¡por favor! *(para llamar al camarero)*
Bedienung!
*bø**di**nung!*

quisiera un bocadillo de atún, por favor
ich hätte gern ein belegtes Brot mit Thunfisch, bitte
*ij Hetø guern ain bø**leg**tøs brot mit **tun**fiSH, bitø*

tomaré otro
ich nehme noch eines
*ij **ne**mø noj **ai**nøs*

¡buen provecho!
guten Appetit!
gu**tøn ape**tit

¡a tu salud!
auf dein Wohl!
*auf dain **vo**l!*

¡a vuestra salud!
auf Ihr Wohl!
*auf ir **vo**l!*

¡chinchín!
prost!
prost!

está/estaba delicioso
es ist/war köstlich
*es ist/var **køst**lij*

tiene mucha grasa
es ist sehr fett
*es ist **zer** fet*

le falta sal
es fehlt Salz
*es felt **zalts***

tiene demasiadas especias
es ist überwürzt
es ist YbørvYrtst

ayer bebí demasiado
ich habe gestern zu viel getrunken
*ij Habø guestørn tsu fil guø**trun**køn*

¿podría traer un cenicero?
könnten Sie einen Aschenbecher bringen?
***køn**tøn zi ainøn **a**SHønbejør **brin**guøn?*

¿dónde están los servicios, por favor?
wo sind die Toiletten, bitte?
*vo zint di toi**le**tøn, bitø?*

Entender

zum Mitnehmen	para llevar
zum sofortigen Verzehr	para tomar aquí

ich bedaure, nach zehn Uhr servieren wir nicht mehr
lo siento, cerramos a las diez

RESERVAR UNA MESA

Expresarse

buenos días/buenas tardes, quisiera reservar una mesa para dos para mañana por la noche
guten Tag, ich würde gern für morgen einen Tisch für zwei Personen reservieren
***gu**tøn tak, ij vYrdø guern fYr **mor**guøn ainøn **tiSH** fYr tsvai per**zo**nøn reser**vi**røn*

sobre las ocho
gegen acht Uhr
*gueguøn **ajt** ur*

una mesa para cuatro, por favor
einen Tisch für vier Personen, bitte
*ainøn **tis**H fyr fir perzonøn, bitø*

he reservado una mesa a nombre de...
ich habe einen Tisch auf den Namen... reserviert
*ij Habø ainøn **tis**H auf den **Na**møn... rezer**virt***

Entender

für wie viel Uhr?
¿para qué hora?

Raucher oder Nichtraucher?
¿fumadores o no fumadores?

auf welchen Namen?
¿a nombre de quién?

für wie viele Personen?
¿cuántos son?

guten Tag, wünschen Sie zu speisen?
buenos días, ¿es para comer?

haben Sie reserviert?
¿ha reservado?

im Augenblick sind wir voll belegt. Aber, wenn sie eine Viertelstunde warten wollen, bis ein Tisch frei wird
ahora no hay mesa, pero si pueden esperar un cuarto de hora hasta que quede libre una mesa

halb neun, passt Ihnen das?
¿a las ocho y media les parece bien?

PEDIR LA COMIDA

Expresarse

¿qué nos recomienda?
was können Sie empfehlen?
*vas kønøn zi em**pfe**løn?*

sí, creo que ya hemos elegido
ja, ich glaube, wir haben gewählt
***ya**, ij **glau**bø, vir Habøn guøvelt*

no, todavía no
nein, noch nicht
*nain, noj **nijt***

tomaremos dos menús de once euros
wir nehmen zwei Menüs zu elf Euro
*vir **ne**møn tsvai me**nYs** tsu **elf** oiro*

yo tomaré... y...
für mich bitte... und...
fYr mij bitø... ont...

... pero sin...
... aber ohne...
*... abør **o**nø...*

yo no sé ¿qué es el «Eisbein»?
ich weiß noch nicht, was ist Eisbein?
*ij wais noj **nij**t, vas ist aisbain?*

entonces, tomaré eso
dann nehme ich das
dan nemø ij das

¿cuál es el plato del día?
was ist das Tagesgericht?
*vas ist das **ta**guøsguørijt?*

sólo agua (sin gas), por favor
nur stilles Wasser, bitte
*nur **SHti**løs vasør, bitø*

y una jarra de agua grande
und einen großen Krug Wasser
*unt ainøn **gro**søn kruk **va**sør*

media botella de vino tinto
eine halbe Flasche Rotwein
*ainø Halbø **fla**SHø rotvain*

vamos a compartir – ¿puede traernos dos platos?
wir würden gern teilen – können Sie uns zwei Teller bringen?
*vir vYrdøn guern **tai**løn – **kø**nøn zi uns tsvai **te**lør **brin**guøn?*

no he pedido esto, había pedido...
das habe ich nicht bestellt, ich hatte... verlangt
*das Habø ij nijt bøSHtelt, ij Hatø... vør**langt***

¿puede traer más pan?
können wir bitte noch etwas Brot haben?
***kø**nøn vir bitø noj etvas **brot** Habøn?*

¿puede traer otra jarra de agua?
könnten Sie uns noch einen Krug Wasser bringen?
***køn**tøn zi uns noj ainøn kruk **va**sør brinquøn?*

¿qué tiene de postre?
was für Nachspeisen haben Sie?
*vas fYr **naj**SHpaizø Habøn zi?*

BEBER Y COMER

Entender

haben Sie gewählt?
¿ha elegido ya?

das ist eine Art... ragout
es una especie de guiso de...

und zu trinken?
¿y para beber?

ich komme gleich noch mal
ahora vuelvo

bedaure, wir haben kein... mehr
lo siento, no nos queda...

wünschen Sie eine Nachspeise?
¿van a tomar postre?

EN EL BAR

Hay excelentes vinos alemanes –blancos en su mayoría– que se producen en distintas regiones del país. Es muy normal tomar un blanco seco o un **Sekt** (espumoso) como aperitivo. Hay bares especializados en vino (**Weinstube**, **Weinkeller**), en los que también dan comida, por todo el país.

El **Schnaps** (aguardiente) se sirve como digestivo, como aperitivo o para acompañar la cerveza. Cada región tiene su especialidad: de cereza, de frambuesa, de ciruela, **Weinbrand** (Maguncia), **Kümmel** (Báltico)...

La cerveza es la bebida por excelencia de Alemania: hay más de 1 250 fábricas de cerveza y 5 000 marcas distintas. Los alemanes son los segundos consumidores de cerveza del mundo (tras los checos). Algunas joyas: **Altbier** (cerveza ambarina que se sirve en vasos pequeños en la región de Düsseldorf); **Berliner Weisse** (cerveza blanca berlinesa, ligera, espumosa y algo amarga); **Kölsch** (cerveza de Colonia, clara y sabrosa, que se bebe en unos vasos llamados **Stangen**); **Pils** (**Pilsener**) [rubia de espuma untuosa que se sirve en toda Alemania]; **Weizenbier** (consumida sobre todo en el sur [Baviera], a esta cerveza blanca se le añade a menudo una rodaja de limón).

Beber cerveza forma parte de la tradición alemana. En verano, las terrazas y los parques acogen los **Biergarten** (jardines de cerveza), donde se sirven enormes jarras de cerveza en unas largas mesas compartidas. En Baviera, se permite llevar comida de casa (aunque no en otras regiones). Con motivo de la **Oktoberfest** de Munich, la cerveza corre a mares.

Expresarse

¿qué vas a tomar?
was nimmst du?
*vas **nimst** du?*

¿qué va a tomar?
was nehmen Sie?
*vas **ne**møn zi?*

te invito a tomar algo
ich gebe dir einen aus
*ij **gue**bø dir ainøn aus*

no, ahora pago yo
nein, diesmal bin ich daran
*nain, **dis**mal bin ij da**ran***

voy a tomar...
ich nehme...
*ij **ne**mø...*

quisiera...
ich möchte...
*ij **møj**tø...*

una Coca-cola® sin hielo, por favor
eine (Coca-)Cola® ohne Eis, bitte
*ain (koka-)**ko**la onø **ais**, bitø*

una Coca-cola® light con mucho hielo
eine Cola light mit viel Eis
*ainø **ko**la lait mit **fil** ais*

un vino blanco seco
ein kleines Glas trockenen Weißwein
*ain **klai**nøs glas **tro**kønøn vaisvain*

una cerveza de barril
ein Bier von Fass
*ain bir fon **fas***

para mí lo mismo
für mich das Gleiche
*fyr mij das **glai**jø*

un té con una rajita de limón
einen Tee mit Zitrone
*ainøn **te** mit tsi**tro**nø*

un café americano
einen Kaffee
*ainøn **ka**fe*

y un vaso de agua, por favor
ein Glas Wasser, bitte
*ain glas **va**sør, bitø*

otra cerveza de barril, por favor
noch ein Bier vom Fass, bitte
*noj ain bir fom **fas**, bitø*

Entender

alkoholfrei
sin alcohol

im Schankraum
en el comedor

was nehmen Sie?
¿qué toma?

das ist eine Nichtraucherzone
esta zona es para no fumadores

wir nehmen jetzt die letzte Bestellung auf, in zehn Minuten schließen wir
¿quieren algo más? cerramos dentro de diez minutos

Algunas expresiones familiares

einen trinken tomar una copa
besoffen sein estar pedo
einen Kater haben tener resaca

LA CUENTA

Expresarse

la cuenta, por favor
ich möchte bitte zahlen
ij møjtø bitø ***tsa****løn*

¿cuánto le debo?
wie viel schulde ich Ihnen?
vifil ***SHul****dø ij* ***i****nøn?*

¿se puede pagar con tarjeta?
kann man mit der Bankkarte zahlen?
kan man mit der ***bank****kartø* ***tsa****løn?*

creo que hay un error en la cuenta
ich glaube, mit der Rechnung stimmt etwas nicht
ij glaubø, mit der ***rej****nung SHtimt etvas nijt*

Entender

zahlen Sie zusammen?
¿le cobro todo?

LA COCINA

Entender

auf den Punkt gebraten	en su punto
blutig	muy poco hecho
frittiert	frito
gebraten	asado
gefüllt	relleno
gegrillt	a la parrilla
gekocht	hervido
geräuchert	ahumado
geschmolzen	fundido
geschmort	estofado
gewürzt	especiado
gut durchgebraten	bien hecho
im Holzofen gebacken	hecho al horno de leña
im Ofen gebacken	al horno
in Scheiben	en rodajas, en lonchas
in Stücken	en trozos, en pedazos
kalt	fresco, frío
knusprig	dorado
luftgetrocknet	secado
paniert	empanado
-püree	en puré
sautiert	salteado
scharf	picante

◆ Vorspeisen entrantes

Badischer Fleischsalat	ensalada con un tipo de salchicha corta y gruesa
Bismarckhering in Senfsoße	arenques en escabeche con salsa de mostaza
Kieler Sprotten	pescaditos ahumados
Zwiebelkuchen mit Speck	tarta de cebolla y tocino

◆ Suppen sopas

Abren la comida y también sirven de tentempié. En primavera, pruebe la crema de espárragos, fina y sabrosa. El **goulasch**, sopa húngara con buey, cebollas y pimentón, es un plato de invierno excelente.

Aalsuppe	sopa de anguilas
Bohnensuppe	sopa de alubias
Dinkelsuppe	sopa de espelta
Fischsuppe	sopa de pescado
Fliederbeersuppe	sopa de bayas de saúco
Gemüseeintopf	potaje de verduras
Gulaschsuppe	gulasch
Kartoffelsuppe	sopa de patatas
Krabbensuppe	sopa de camarones
Kräuterrahmsuppe	crema de finas hierbas
Leberknödelsuppe	sopa con albóndigas de hígado
Ochsenschwanzsuppe	sopa de rabo de buey
Spargelcremesuppe	crema de espárragos
Tomatensuppe	sopa de tomate

◆ Fleischgerichte carnes

Bohneneintopf mit Fleisch	cocido con alubias y carne
Brathuhn	pollo a la parrilla
Eisbein	pierna de cerdo cocida
Fasan auf Sauerkraut	faisán sobre un lecho de chucrut
gebratene Tauben	palomas asadas
Hasenkeule in Preiselbeersahne	pata de liebre con salsa de arándanos
Hasenpfeffer	civet de liebre
Hirschragout	estofado de ciervo
Hühnerfrikassee	pollo en pepitoria

Kalbsgeschnetzeltes	escalopines de ternera
Kalbshaxe	pierna de ternera
Kalbsleber	hígado de ternera
Kalbsnierenbraten	riñones de ternera asados
Kalbsschnitzel	escalope de ternera
Kalbsschulter in Pilzsoße	paletilla de ternera con salsa de champiñones
königsberger Klopse	albóndigas de ternera con salsa de alcaparras
Lammkeule mit Knoblauch und Minze	pierna de cordero con ajo y menta
Lammschulter	codillo de cordero
Leberkäs	terrina de carne
Maultaschen	raviolis
paniertes Schnitzel	escalope
Putenschnitzel	escalope de pavo
Rehbraten	asado de corzo
Rehmedaillons mit Sauerkirschen	medallones de corzo con guindas
Rinderbraten	asado de buey
Schmorbraten	estofado de buey
Schmorkaninchen	estofado de conejo
Schnitzel mit Jägersoße	escalope con salsa cazadora
Schweinebraten	asado de cerdo
Schweinerippchen	chuleta de cerdo
Tafelspitz mit Meerrettichsahne	costillar de buey con crema de rábanos
Wiener Würstchen	salchicha de Frankfurt
Wildgulasch mit Pilzen	estofado de caza con champiñones
Wildschweinragout	estofado de jabalí

◆ Würste salchichas

Bierwurst	especie de salami, que se come con cerveza
Bockwurst	salchicha grande hervida de piel espesa
Bratwurst	la tradicional salchicha a la plancha

Currywurst	especie de morcilla blanca con salsa al curry
Leberwurst	salchicha de hígado (de hecho, es un paté para untar)
Schinkenwurst	salchicha ahumada
Weißwurst	morcilla blanca

◆ Fischgerichte poissons

La mayor variedad de pescado se encuentra en el norte de Alemania (Schleswig-Holstein, cerca del mar Báltico). Hay mucha costumbre de comerlo crudo o marinado.

Aal blau	anguila cocida
Aal in Dillsoße	anguila con salsa de eneldo
Aal in Kräutersoße	anguila con salsa de finas hierbas
Fischfilets mit Kartoffelpüree	filetes de pescado con puré de patatas
Forelle blau	trucha cocida
Forelle Müllerin	trucha a la meunière
gebratene Scholle	lenguado a la parrilla
Hecht grün	lucio con salsa de finas hierbas
Hecht in Rahmsoße	lucio servido con una salsa de nata
Kabeljaufilet	filete de bacalao fresco
Karpfen blau	carpa cocida
Matjesfilets mit Zwiebelringen	filetes de arenque fresco con aros de cebolla
Schollenfilets in Speckmantel	filetes de lenguado enrollados en tocino
Seezungenröllchen	rollitos de gallo
Zander in Rote-Beete-Soße	lucioperca con salsa de remolacha

◆ Gemüse verduras

Los acompañamientos habituales son las patatas (en todas sus formas) y la col (rizada, repollo, lombarda). La chucrut, especialidad de Alsacia (Francia), se come menos en Alemania de lo que se cree.

Blumenkohl	coliflor
Bratkartoffeln	patatas salteadas
Erbsen	guisantes
grüne Bohnen	judías verdes
Grünkohl	col
Karotten	zanahorias
Kartoffeln	patatas
Kohl	col
Linsen	lentejas
Nudeln	pasta
Pellkartoffeln	patatas asadas en su piel
Pommes frites	patatas fritas
Reis	arroz
rote Beete	remolacha
Rotkohl, Rotkraut	col lombarda
Salat	ensalada
Salzkartoffeln	patatas hervidas
Sauerkraut	chucrut
Sellerie	apio
Spargel	espárragos
Tomaten	tomates
Weißkohl	repollo
Wirsing	col rizada

◆ Salate ensaldas

gemischter Salat	ensalada mixta
grüner Salat	ensalada verde
Joghurtdressing	salsa de yogur

Kartoffelsalat ensalada de patatas
Nizza-Salat ensalada de tomate, cebolla, atún, anchoas y aceitunas
Rote-Beete-Salat ensalada de betteraves rouges
Salat mit grünen Bohnen ensalada aux haricots verts
Vinaigrette vinagreta

• Kuchen und Nachspeisen pasteles y postres

Cada región tiene sus especialidades. La repostería alemana es excelente. Para la **Kaffee-Kuchen** (merienda), son ideales los famosos **Strudel** o las **Schwarzwälder Kirschtorten** (tarta Selva Negra).

Apfel im Schlafrock tipo de pastel de manzana
Apfelkompott compota manzana
Apfelkuchen tarta de manzana
Apfelpfannkuchen buñuelos de manzana
Apfelstrudel masa muy fina rellena de manzana
Bayerische Creme mit Früchten especie de natillas con frutas
Bratäpfel manzanas al horno
Erdbeertorte bizcocho con fresas
gemischtes Eis surtido de helados
Heidelbeerpfann-kuchen buñuelos de arándanos
Karottenkuchen pastel de zanahorias
Käsekuchen tarta de queso
Käse-Sahne-Torte bizcocho cubierto de una mezcla de queso fresco y de nata acompaña de frutas frescas
Mohntorte pastel de amapola
Obstsalat mit Joghurtsoße macedonia con salsa de yogur
Rote Grütze compota de frutos rojos hecha gelatina

Rumpudding	flan de ron
Sauerkirschen mit Grienocken	guindas servidas con una especie de croquetas de semola
Waffel mit Schlagsahne	gofre con chantillí
Weichselpudding	carlota con guindas

◆ **Imbiss** comida rápida

belegtes Brötchen mit Käse	bocadillo de queso
belegtes Brötchen mit Schinken	bocadillo de jamón
Currywurst mit Pommes	salchichas al curry con patatas
Döner-Kebab	kebab
Fischbrötchen	bocadillo de pescado
Frikadellen mit Kartoffelsalat	albóndigas de carne y ensalada de patatas
halbes Hähnchen	medio pollo asado
Laugenbrezel	bollo salado con forma de corona
Laugenbrötchen mit Butter	bollo salado de mantequilla
Paar Wiener Würstchen mit Kartoffelsalat	dos salchichas de Frankfurt servidas con ensalada de patatas
Rührei mit Speck	huevos revueltos con tocino
Strammer Max	sándwich parecido a un mixto de jamón y queso

GLOSARIO DE LA ALIMENTACIÓN

Aal anguila
Abendessen cena
Ahornsirup jarabe de arce
Apfel manzana
Apfelmost sidra
Apfelpfannkuchen buñuelo de manzana
Apfelsaft zumo de manzana
Artischocke alcachofa
Aubergine berenjena
Auflauf gratén, soufflé

Auster ostra
Avocado aguacate
Banane plátano
Barsch perca
Basilikum albahaca
Bataviasalat lechuga rizada
Beilage acompañamiento
Berliner bola de Berlín
Bier cerveza
Birne pera
Birnengeist aguardiente de pera
Biskuit bizcocho
Bitterschokolade chocolate negro
Blätterteig hojaldre
Blutwurst especie de morcilla
brauner Zucker azúcar moreno
Brombeere mora
Brot pan
Brötchen panecillo redondo
Brunnenkresse berro
Butter mantequilla
Cayennepfeffer pimienta de Cayena
Champignon champiñón
Chicoree endibia
Crème Fraîche nata espesa
Dattel dátil
Dill eneldo
Dinkel espelta
Eintopf potaje
Eis helado
Endiviensalat variedad de lechuga rizada
Erdbeere fresa
Erdnuss cacahuete
Erdnussbutter mantequilla de cacahuete
Espresso café solo
Essig vinagre
Essiggurke pepinillo
Estragon estragón
Fasan faisán
Feinzucker azúcar en polvo
Feldsalat milamores
Fenchel hinojo
Fencheltee infusión de hinojo
Filet filete
Fleisch carne
Forelle trucha
Frühlingszwiebel cebolleta
Frühstück desayuno
Frühstücksei huevo pasado por agua
Gans oca
Garnele camarón
Geflügel ave de corral
gekochter Schinken jamón cocido
Gelee gelatina
Geschnetzeltes escalopín
Getränk bebida
Getreide cereales
Glühwein vino caliente especiado
Goldbrasse dorada
Grapefruitsaft zumo de pomelo
Grog grog
grüne Bohnen judías verdes
grüne Paprika pimiento verde
grüner Pfeffer pimienta verde
Grünkern variedad de trigo que se cosecha verde
Grünkohl col
Grüntee té verde
Gulaschsuppe gulasch
Gurke pepino
Hackfleisch carne picada
Hacksteak hamburguesa
Haferflocken copos de avena
Hagebuttentee infusión de los frutos del escaramujo
Halbfettmilch leche semidesnatada
hart gekochtes Ei huevo duro
Hase liebre
Haselnuss avellana
Hecht lucio
Hefezopf brioche con forma de trenza
Heidelbeere arándano
Heilbutt fletán
Hering arenque
Himbeere frambuesa
Hirsch ciervo
Honig miel
Honigmelone melón
Hopfen lúpulo
Huhn pollo
Hühnerbrust pechuga de pollo

Hühnerkeule muslo de pollo
Hühnerleber hígado de pollo
Hummer bogavante
Hüttenkäse requesón
Ingwer jengibre
Innereien menudillos
Jägersoße salsa a base de champiñones
Jakobsmuschel vieira
Joghurt yogur
Kabeljaufilet filete de bacalao fresco
Kaffee café
Kalamares calamares
Kalb ternera
Kamillentee manzanilla
Kaninchen conejo
Kaper alcaparra
Karamell caramelo
Karotte zanahoria
Karpfen carpa
Kartoffel patata
Kartoffelpüree puré de patatas
Käse queso
Keks galleta
Kerbel perifollo
Kirsche cereza
Kirschwasser aguardiente de cerezas
Kiwi kiwi
Knoblauch ajo
koffeinfreier Kaffee descafeinado
Kognac coñac francés
Kohl col
Kohlrabi colinabo
Kokosnuss coco
Kopfsalat lechuga
Koreander cilantro
Korinthe pasas de Corinto
Kornschnaps aguardiente de centeno
Krabbe camarón
Kräuter finas hierbas
Kräutertee tisana
Kreuzkümmel comino
Kuchen término genérico que designa indistintamente a tartas y pasteles tanto dulces como salados
Kümmel comino
Kürbis calabaza
Lachs salmón
Lamm cordero
Lammkeule pierna de cordero
Landjäger variedad de salchichón seco ahumado
Languste langosta
Lauch puerro
Leber hígado
Leitungswasser agua de grifo
Limette lima
Limonade gaseosa
Lokum dulce oriental a base de almendras y pistachos
Lorbeerblatt hoja de laurel
Magenbitter licor amargo a base de plantas aromáticas (digestivo)
Magermilch leche descremada
Maïs maíz
Maïskolben mazorca de maíz
Majoran mejorana
Makrele caballa
Mandel almendra
Mango mango
Mangold acelga
Margarine margarina
Marmelade mermelada
Marzipan mazapán
Maultaschen raviolis
Mehl harina
Melone término genérico para designar melones y sandías
Merrettich rábano
Miesmuschel mejillón
Milch leche
Milchshake batido
Mineralwasser agua mineral (a menudo con gas)
Minze menta
Mirabelle ciruela amarilla
Mirabellenschnaps aguardiente de ciruela mirabelle
Mittagessen comida
Mohn amapola
Mohnkuchen pastel de amapola

Mürbteig pasta quebrada
Muskatnuss nuez moscada
Nelke clavo
Niere riñón
Nudeln pastas
Nüsse término genérico que designa los frutos secos como nueces, avellanas, pistachos o almendras
Obst frutas
Obstkuchen pastel de frutas
Obstwasser aguardiente de frutas
Ochsenschwanz rabo de buey
Ofenkartoffel patatas al horno
Öl aceite
Olive aceituna
Olivenöl aceite de oliva
Orange naranja
Orangenlimonade naranjada
Orangenmarmelade mermelada de naranja
Orangensaft zumo de naranja
Oregano orégano
Pampelmuse pomelo
paniertes Schnitzel escalope empanado
Paprika pimiento
Parmasschinken jamón del país
Pastete paté
Pellkartoffel patatas asadas o hervidas en su piel
Peperoni guindilla
Perlhuhn perdiz
Petersilie perejil
Pfannkuchen crepe espesa
Pfeilwurzelmehl cúrcuma
Pfirsich melocotón
Pflaume ciruela
Pils cerveza rubia con un alto contenido de lúpulo
Pilz champiñón
Pistazie pistacho
Pommes frites patatas fritas
Portwein oporto
Pudding especie de flan
Puderzucker azúcar glas
Quittengelee gelatina de membrillo
Räucherlachs salmón ahumado
Räucherschinken jamón ahumado
Reh corzo
Rehbraten asado de corzo
Reis arroz
Rettich rábano
Rhabarber ruibarbo
Rind buey
Rinderfilet filete de buey
Rindersteak bistec de buey
Rippchen costilla
Rochen raya
Roggen centeno
Rohrzucker azúcar de caña
Rosenkohl col de Bruselas
Rosine pasa
Rosmarin romero
Rotbarbe salmonete
rote Beete remolacha
rote Johannisbeere grosella
rote Paprika pimiento rojo
Rotwein vino tinto
Rührei huevos revueltos
Rum ron
Rumpsteak lomo de ternera
Sachertorte pastel austríaco de chocolate
Safran azafrán
Saft zumo de fruta
Salat ensalada
Salbei salvia
Salz sal
Salzkartoffeln patatas hervidas
Sardelle anchoas
Sauerkirsche guinda
Sauerkraut chucrut
Sauerrahm nata espesa agria
Schafskäse queso de oveja
Schalotte chalota, escalonia
Schaumwein vino espumoso
Schinken jamón
Schlagsahne chantillí
Schnaps término genérico para designar a todos los licores fuertes
Schnittlauch cebolleta
Schokolade chocolate

Schokoriegel chocolatina
Scholle lenguado
Schwarzbrot pan negro
schwarze Johannisbeere grosella negra
schwarzer Pfeffer pimienta negra
Schwarztee té negro
Schwein cerdo
Schweinebraten asado de cerdo
Schweinerippchen costillas de cerdo
Schwertfisch pez espada
Seelachs carbonero
Seeteufel rape
Sekt vino espumoso alemán
Sellerie apio
Senf mostaza
Sesam sésamo
Sherry jerez
Sojasprosse germen de soja
Sonnenblumenkerne pepitas de girasol
Sonnenblumenöl aceite de girasol
Sorbet sorbete
Spargel espárrago
Spargelcremesuppe crema de espárragos
Sprotte espadín
Sprudel agua mineral con gas a veces dulce
Steinpilz seta
Stockfisch bacalao
Streichkäse queso para untar
Streusel preparación a base harina, mantequilla y azúcar con la que se rellenan a menudo los pasteles
Sultanine pasas sultanas
süße Sahne nata líquida
süßer Senf mostaza suave
Süßkartoffel boniato
Tee té
Thunfisch atún
Tintenfisch sepia, jibia
Tomate tomate
Torte pastel dulce muchas veces de crema
Traube uva
Trüffel trufa
Vanille vainilla
Vollmilchschokolade chocolate con leche
Waffel gofre
Waldmeisterbowle ponche a base de una plante aromática
Walnuss nuez
Wasser agua
Wassermelone sandía
Weißbier cerveza blanca
Weißbrot pan blanco
weißer Pfeffer pimienta blanca
Weißkohl repollo
Weißwein vino blanco
Wein vino
Weinbrand coñac
Weizen trigo
Weizenbier cerveza clara y refrescante
Wiener Würstchen salchicha vienesa
Wild caza
Wildschwein jabalí
Wurst término genérico para designar a las salchichas y los salchichones
Würstchen salchicha pequeña
Zander lucioperca
Zartbitterschokolade chocolate amargo y dulce
Ziegenkäse queso de cabra
Zimt canela
Zitrone limón
Zitronenlimonade gaseosa
Zucchini calabacín
Zucker azúcar
Zwetschge ciruela
Zwiebel cebolla
Zwiebelringe aros de cebolla fritos o crudos

Las revistas culturales y los periódicos locales, disponibles en las oficinas de turismo y las salas de espectáculos, así como en los cafés y otros establecimientos públicos, incluyen la cartelera. Por regla general, no suele ser necesario reservar con mucho tiempo de antelación. Siempre hay descuentos especiales para los estudiantes.

Gracias al sistema de compañías locales, casi todas las ciudades tiene su propia programación teatral y musical. Los precios suelen ser bastante razonables. Además de música clásica, en Alemania se celebran muchos conciertos de rock y de jazz (en los clubs, las discotecas, los bares o en pequeñas salas alternativas).

El cine es bastante caro (hasta 8,5 € por una película el sábado por la noche). Suele haber un día del espectador (**Kinotag**), con billetes a mitad de precio, que es diferente para cada sala. Se distribuyen muchas películas internacionales pero casi todas dobladas al alemán. Las sesiones en versión original subtitulada se reconocen por la indicación **OmU** (**Original mit Untertiteln**), mientras que las películas en versión original sin subtítulos llevan un **OF** (**Originalfassung**) o un **OV** (**Originalversion**).

Las reuniones de amigos se celebran más en los bares o las cervecerías que en las casas particulares. En todas las ciudades hay bares de estilo internacional pero muchos alemanes prefieren sus típicos bares de cerveza. Si alguna vez le invitan, tenga la bondad de llegar puntual: los alemanes suelen ser muy puntuales y tienen la costumbre de quedar a una hora bastante temprana (a partir de las 18.00).

Alemania es famosa por sus discotecas. Mayoritariamente de música tecno en las grandes ciudades, en las localidades pequeñas suelen pinchar música más «clásica». Hay muchos lugares insólitos que están de moda, por ejemplo, en antiguas fábricas o en hangares. Los precios oscilan entre 2,5 y 10 €, e incluso más en los locales más «guays». La primera consumición no siempre está incluida en el precio de la entrada. La hora de cierre se sitúa entre la 1.00 y las 3.00 de la mañana (más tarde en Berlín o Leipzig).

Para empezar

anuncios	die Werbung *di verbung*
bar	die Kneipe *di knaipø*
cine	das Kino *das kino*
circo	der Zirkus *der tsirkus*
concierto de pop/jazz/rock	das Pop-/Jazz-/Rockkonzert *das pop-/djes-/rok-kontsert*
danza clásica/ contemporánea	klassisches/modernes Ballett *klasisHøs/modernøs balet*
discoteca	die Disko(thek) *di disko(tek)*
entrada	die Eintrittskarte *di aintritskartø*
espectáculo	die Vorstellung *di forsHtelung*
festival	das Festival *das festival*
fiesta	das Fest *das fest*
folklórico	Folklore- *folklorø*
grupo *(de música)*	die (Musik)gruppe *di muzikgrupø*
música clásica	die klassische Musik *di klasisHø muzik*
música tradicional	die Volksmusik *di folksmuzik*
película	der Film *der film*
reservar (por teléfono)	(telefonisch) vorbestellen *(telefonisH) forbøsHteløn*
salir	ausgehen *ausgueøn*
teatro	das Theater *das teatør*
V.O., subtitulada	Originalton mit Untertiteln *originalton mit untørtitøln*

SALIR

PROPONER, INVITAR

Expresarse

¿dónde podemos ir?
wohin könnte man gehen?
voHin køntø man gueøn?

¿te apetece ir a tomar algo?
hast du Lust, einen zu trinken?
Hast du lust, ainøn tsu trinkøn?

¿qué quieres hacer?
was möchtest du machen?
vas møjtøst du majøn?

¿vamos a tomar una copa?
gehen wir einen trinken?
gueøn vir ainøn ***trin****køn?*

encantado
sehr gern/mit Vergnügen
zer *guern/mit fergun**Y**guøn*

¿qué vas a hacer esta noche?
was machst du heute Abend?
vas ***majst*** *du Hoitø* ***a****bønt?*

¿qué va a hacer esta noche?
was machen Sie heute Abend?
vas ***ma****jøn zi Hoitø* ***a****bønt?*

¿tienes algún plan?
hast du schon etwas vor?
Hast du SHon etvas ***for****?*

¿qué quieres hacer?
was möchten Sie machen?
vas møjtøn zi ***ma****jøn?*

pensábamos ir al cine/a casa de unos amigos/a Kreuzberg
wir könnten ins Kino/zu Freunden/nach Kreuzberg gehen
vir køntøn ins ***ki****no/tsu froindøn/naj kroitsberk* ***gue****øn*

hoy no puedo pero quedamos otro día si quieres
heute habe ich keine Zeit, ein andermal gern
Hoitø Habø ij kainø ***tsait****, ain* ***an****dørmal guern*

no sé si podré
ich weiß noch nicht, ob ich Zeit habe
ij vais noj ***nijt*** *op ij* ***tsait*** *Habø*

SALIR

QUEDAR

Expresarse

¿no podríamos vernos un poco más tarde?
könnten wir uns etwas später treffen?
*køntøn vir uns etvas SH****pe****tør treføn?*

he quedado con… a las nueve
ich bin um neun Uhr mit… verabredet
*ij bin um noin ur mit… fer****ap****redøt*

¿a qué hora quedamos?
um wieviel Uhr sollen wir uns treffen?
um vifil ***ur*** *zolløn vir uns* ***tre****føn?*

¿dónde quedamos?
wo treffen wir uns?
wo *treføn vir uns?*

no sé dónde está pero lo encontraré en el mapa
ich weiß nicht, wo das ist, aber mit dem Stadtplan finde ich es
ij vais ***nijt****, vo das* ***ist****, abør mit dem SH****tat****plan findø ij es*

hasta mañana por la noche
bis morgen abends
*bis **mor**guøn abønts*

os veré más tarde, tengo que pasar por el hotel primero
ich komme später nach; ich muss zuerst noch einmal ins Hotel
*ij komø SH**pe**tør naj; ij mus tsu**erst** ainmal ins Ho**tel***

¿cenarás antes?
isst du vorher etwas?
*ist du for**Her** etvas?*

siento llegar tarde
es tut mir Leid, ich bin zu spät
*es tut mir **lait**, ij bin tsu **SHpet***

Entender

passt dir das?
¿te parece bien?

ich hole dich gegen acht ab
pasaré a buscarte sobre las ocho

wir treffen uns dort
nos vemos directamente allí

wir treffen uns vor…
nos encontramos delante de…

ich gebe dir meine Nummer, ruf mich morgen an
te voy a dar mi número, no tienes más que llamarme mañana

Algunas expresiones familiares

einen trinken gehen tomar algo
einen Happen essen picar algo

SALIR

CINE, ESPECTÁCULOS, CONCIERTOS

Expresarse

¿hay alguna guía de espectáculos?
gibt es ein Programm der kulturellen Veranstaltungen?
*guipt es ain pro**gram** der kultu**re**løn fer**an**SHtaltunguøn?*

quiero tres entradas para…
bitte drei Plätze für…
*bitø drai **ple**tsø fyr…*

dos entradas para…
zwei Eintrittskarten für…
*tsvai **ain**tritskartøn fyr…*

he oído hablar de él/ella, dicen que...
ich habe schon davon gehört, es soll... sein
ij Habø SHon dafon gueHørt, es zol... zain

actúa en esa película
er spielt in diesem Film mit
er SHpilt in dizøm film mit

se llama...
das heißt ...
das Haist...

he visto el tráiler, parece...
ich habe die Vorankündigung gesehen, das macht einen... Eindruck
ij Habø di forankYndigung guezeøn, das majt ainøn... aindruk

¿a qué hora es la sesión/la película?
wann beginnt die Vorstellung/der Film?
van bøguint di forSHtelung/der film?

me gustaría mucho ir al teatro
ich würde gern ins Theater gehen
ij vYrdø guern ins teatør gueøn

voy a pasar a ver si quedan entradas
ich gehe vorbei und schaue, ob noch Plätze frei sind
ij gueHø forbai unt SHauø, op noj pletsø frai zint

¿hay que reservar con antelación?
muss man reservieren?
mus man rezervirøn?

¿hasta cuándo está en cartel?
bis wann wird das gegeben?
bis van virt das gueguebøn?

¿quedan entradas para otro día?
sind an einem anderen Tag noch Plätze frei?
zint an ainøm andørøn tak noj pletsø frai?

me gustaría mucho ir a un concierto en un café o algo así
ich würde gern zu einem Konzert in einer Kneipe oder so etwas gehen
ij vYrdø guern tsu ainøm kontsert in ainør knaipø odør zo etvas gueøn

¿hay conciertos gratuitos?
gibt es kostenlose Konzerte?
guipt es kostønlozø kontsertø?

¿qué estilo de música es?
was für eine Musikrichtung ist das?
vas fÿr ainø musikrijtung ist das?

no me gusta mucho ese tipo de música
ich mag diese Musikrichtung nicht besonders
ij mak dizø muzikrijtung nijt bøzondørs

Entender

Experimentalfilm	cine de arte y ensayo
(Karten)vorverkauf	taquilla
Premiere am...	estreno el...
Reservierungen	reservas
Sitzplatz ohne Sicht auf die Bühne	asiento sin visibilidad
Zugabe! *(canción)*	¡otra!

es findet ein Konzert in der Kirche statt
hay un concierto de música clásica en la iglesia

das ist ein Open-Air-Konzert
es un concierto al aire libre

das hat sehr gute Kritiken bekommen
tiene muy buenas críticas

das kommt nächste Woche raus
se estrena la semana que viene

das findet um acht im Odeon statt
es a las ocho en el Odeón

es ist ausverkauft bis zum...
no hay entradas hasta el...

es ist ratsam, eine Viertelstunde vorher da zu sein
se recomienda llegar un cuarto de hora antes

die Eintrittskarten werden am Eingang verkauft, eine halbe Stunde vor Beginn der Vorstellung
las entradas se venden en la entrada, media hora antes del espectáculo

es ist nicht nötig zu reservieren
no hace falta reservar con antelación

das Stück dauert eineinhalb Stunden mit Pause
la función dura una hora y media con el entreacto

bitte schalten Sie Ihr Handy aus
apaguen sus teléfonos móviles, por favor

FIESTAS, JUERGAS, DISCOTECAS

Expresarse

voy a hacer una pequeña fiesta de despedida
ich gebe ein kleines Fest, um meinen Abschied zu feiern
ij guebø ain klainøs **fest** *um mainøn* **ap**SHid *tsu faiørn*

hay baile esta noche, por las fiestas del pueblo
heute Abend gibt es ein Tanzvergnügen auf dem Dorffest
Hoitø **a***bønt guipt øs ain* **tants***ferguпYguøn auf dem* **dorf***fest*

¿hay que llevar algo de beber?
sollte man etwas zu trinken mitbringen?
zoltø man etvas tsu **trin***køn* **mit***bringuøn?*

podríamos ir a la discoteca después
danach könnten wir in die Disko gehen
danaj køntøn vir in di **dis***ko gueøn*

¿hay que pagar entrada?
kostet der Eintritt?
kostøt der **ain***trit?*

he quedado con alguien dentro
ich muss drinnen jemanden treffen
ij mus **dri***nøn yemandøn treføn*

¿me dejará entrar cuando vuelva?
lassen Sie mich ein, wenn ich zurückkomme?
lasøn zi mij **ain***, ven ij tsu***rYk***komø?*

¿vienes mucho por aquí?
kommst du oft hierher?
*komst du **oft** HirHer?*

no gracias, no fumo
neine danke, ich rauche nicht
*nain, **dan**kø, ij **rau**jø nijt*

no gracias, estoy con mi novio
danke, aber ich bin in Begleitung meines Freundes
***dan**kø, abør ij bin in bø**glai**tung mainøs **froin**døs*

bailo como un pato
ich tanze wirklich nicht gut
*ij tantsø **vir**klij nijt gut*

Entender

Garderobe guardarropa
Jahrmakt feria
Kirmess santo patrón
kostenloses Getränk consumición gratuita
Open-Air al aire libre
Prozession procesión
Umzug desfile

... gibt eine Party
hay una fiesta en casa de...

möchtest du tanzen?
¿quieres bailar?

du siehst sehr gut aus
eres muy guapa

darf ich dir etwas zu trinken anbieten?
¿te apetece algo de beber?

hast du Feuer?
¿tienes fuego, por favor?

hättest du eine Zigarette für mich?
¿tienes un cigarrillo, por favor?

können wir uns wieder sehen?
¿podemos vernos otro día?

darf ich Sie hinein begleiten?
¿puedo acompañarle a casa?

VISITAS TURÍSTICAS

Las oficinas de turismo alemanas son muy eficaces. La Oficina nacional de turismo (**Deutsche Zentrale für Tourismus**) tiene su sede en Frankfurt del Main. Las oficinas de turismo locales abren de lunes a sábado, e incluso los domingos en las grandes ciudades. En ellas se venden todo tipo de mapas y guías, se ofrecen visitas, y disponen de programaciones culturales y fórmulas para los transportes públicos. En plena calle, suele haber planos de la ciudad o del barrio.

Los museos alemanes cierran los lunes. Generalmente bien organizados, ofrecen visitas guiadas o audioguías y suelen disponer de cafetería. Los estudiantes y las personas mayores pueden beneficiarse de numerosos descuentos. Los museos del Estado son por regla general gratuitos los domingos y los días de fiesta.

Para empezar

antigüedad antik *an**tik***
arte contemporáneo zeitgenössische Kunst ***tsait**guenøsisHø **kunst***
arte moderno moderne Kunst *mo**der**nø **kunst***
barrio das Stadtviertel *das **sHta**tfirtøl*
catedral der Dom *der dom*
castillo das Schloss *das sHlos*
centro ciudad das Stadtzentrum *das **sHtat**tsentrum*
cuadro das Gemälde *das gue**mel**dø*
exposición die Ausstellung *di **aus**sHtelung*
galería die Galerie *di galø**ri***
guía *(persona)* der Führer *der **fy**rør*
iglesia die Kirche *di **kir**jø*
museo das Museum *das mu**ze**um*

oficina de turismo	die Touristeninformation *di turi**s**tøn informa**tsion***
parque	der Park *der park*
pintura	die Malerei *di malø**rai***
ruinas	die Ruine *di **rui**nø*
siglo	das Jahrhundert *das **yar**Hundørt*
turístico	touristisch *turi**s**tiSH*
viejo	alt *alt*

Expresarse

¿quisiera información sobre...
ich hätte gern Auskunft über...
*ij Hetø guern **aus**kunft Ybør...*

¿dónde puedo encontrar información sobre...?
wo bekomme ich Informationen über...?
***vo** bø**ko**mø ij informatsionøn Ybør...?*

¿tiene algún plano de la ciudad?
haben Sie einen Stadtplan?
***Ha**bøn zi ain SHtatplan?*

¿me puede enseñar dónde está en el plano?
können Sie mir zeigen, wo das auf dem Plan ist?
***kø**nøn zi mir zaguøn vo das auf dem **plan** ist?*

¿cómo se puede ir?
wie kommt man da hin?
*vi komt man **da** Hin?*

¿es gratis?
ist es kostenlos?
*ist es **kos**tønlos?*

¿cuándo se construyó?
wann wurde das erbaut?
*van vurdø das er**ba**ut?*

Entender

Altstadt	casco viejo
Biedermeier	estilo artístico de la primera mitad del siglo XIX
Eintritt frei	entrada libre
Führung	visita guiada

geöffnet	abierto
germanisch	germánico
geschlossen	cerrado
gotisch	gótico
Krieg	guerra
mittelalterlich	medieval
Renovierungsarbeiten	trabajos de reforma
romanisch	románico
Romantik	romanticismo

die Kapelle stammt aus dem dreizehnten Jahrhundert
la capilla data del siglo XIII

Sie befinden sich hier
usted se encuentra aquí (*en un plano*)

MUSEOS, EXPOSICIONES Y MONUMENTOS

Expresarse

parece que ahora hay una exposición muy buena sobre…
es soll zurzeit eine sehr gute Ausstellung über… geben
*es zol tsur **tsait** ainø **zer** gutø **aus**SHtelung Ybør… **gue**bøn*

¿cuánto cuesta la entrada?
wie hoch ist der Eintritt?
*vi HOj ist der **ain**trit?*

¿la entrada vale también para la exposición?
die Eintrittskarte gilt auch für die Ausstellung?
*di **ain**tritskartø guilt auj fYr di ausHtelung?*

¿hay descuentos para jóvenes?
gibt es Ermäßigung für Jugendliche?
*guipt es er**me**sigung fYr **yu**guøntlijø?*

¿está abierto los domingos?
ist es sonntags geöffnet?
*ist es zontaks gue**øf**nøt?*

dos entradas reducidas y una normal
zwei ermäßigte Eintrittskarten, eine zum vollen Preis
*tsvai er**me**sigtø **ain**tritskartøn, ainø tsum foløn prais*

tengo este carnet de la universidad
ich habe diesen Ausweis von meiner Universität
*ij Habø dizøn ausvais von mainør universi**tet***

¿a qué hora es la próxima visita guiada?
wann ist die nächste Führung?
*van ist di nekstø **f**Yrung?*

¿cuánto dura la visita?
wie lange dauert die Besichtigung?
*vi languø dauørt di bø**zij**tigung?*

Entender

Audioführer	audioguía
bitte kein Blitzlicht	prohibido utilizar el flash
bitte keine Fotos machen	prohibido sacar fotografías
Eintrittskarten	entradas
Rundgang	sentido de la visita
Sonderausstellung	exposición temporal
ständige Ausstellung	exposición permanente

Ruhe bitte
silencio por favor

der Eintritt ins Museum kostet...
la entrada al museo cuesta...

diese Eintrittskarte gilt auch für die Ausstellung
con esta entrada, puede acceder también a la exposición

haben sie Ihren Studentenausweis?
¿tiene el carné de estudiante?

IMPRESIONES

Expresarse

es magnífico
es ist großartig
*es ist **gros**artij*

no me ha gustado demasiado
es hat mir nicht besonders gefallen
*es Hat mir nijt bø**zon**dørs gue**fa**løn*

es caro para lo que es
der Preis ist etwas übertrieben
*der **prais** ist etvas Ybør**tri**bøn*

es muy turístico
es ist sehr touristisch
*es ist **zer** turistiSH*

había muchísima gente
es war unglaublich voll
*es var **un**glaublij fol*

no soy fanático/fanática del arte contemoráneo
ich habe nicht so viel übrig für moderne Kunst
*ij Habø nijt **zo** fil Ybrij fYr mo**der**nø **kunst***

no nos ha dado tiempo a verlo todo
wir hatten nicht die Zeit, alles zu besichtigen
*vir Hatøn nijt di **tsait a**løs tsu bø**zi**jtiguøn*

Entender

berühmt	famoso
malerisch	pintoresco
typisch	típico

Sie müssen unbedingt… besichtigen
no dejéis de ir a ver…

ich empfehle Ihnen, nach… zu gehen
os recomiendo ir a…

es ist sehr touristisch geworden
se ha vuelto muy turístico

DEPORTES Y JUEGOS

El fútbol es el deporte más practicado en Alemania. Los partidos más apasionantes son muchas veces los disputados entre equipos de la misma ciudad, como el **Bayern de Munich** y el **Munich 1860**, o el **VFL Bochum** y el **Borussia Dortmund**. Los partidos de la liga nacional (**Bundesliga**) se juegan los fines de semana. La temporada se extiende de septiembre a junio, con un parón en Navidad y otro a mediados de febrero. Las entradas, que se venden con antelación en agencias locales, cuestan de 5 a 10 € para las localidades de pie (**Stehplätze**) y a partir de 15 € para los asientos más baratos.

Antaño no muy popular, el tenis se ha convertido en un deporte muy seguido tras los éxitos de Boris Becker. Hay grandes torneos en muchas ciudades alemanas a lo largo de toda la temporada. Se puede obtener toda la información necesaria en la oficina federal de tenis sita en Hamburgo (tel.: 040-41 17 80).

El ciclismo se practica tanto en ciudad como en el campo (hay alrededor de 35 000 km de pistas ciclistas en el país). Se pueden hacer bonitas excursiones en bici, sobre todo en Frisia Septentrional y el Harz. En las ciudades hay muchos comercios de alquiler de bicis.

Las principales estaciones de esquí están en los Alpes. La más famosa es Garmisch-Partenkirchen. Para quien busca sitios mas asequibles o menos de moda, hay excelentes pistas en el Harz. El turismo alpino, organizado por las oficinas de turismo y los hoteles, está muy desarrollado.

Para empezar

ajedrez	Schach *SHaj*
balón	der Ball *der bal*
bici	das Fahrrad *das **fa**rat*
bicicleta de montaña	das Mountainbike *das **maun**tøn baik*
cartas	Karten ***kar**tøn*

deporte der Sport *der SHport*
esquí alpino Abfahrtsski *apfartsHi*
esquí de fondo Langlaufski *langlaufsHi*
esquiar Ski fahren/laufen *SHifarøn/lauføn*
excursión der Ausflug *der ausfluk*
fútbol der Fußball *der fusbal*
juego de mesa das Gesellschaftsspiel *das guezelSHaftSHpil*
jugar a... ... spielen *SHpiløn*
jugar a fútbol Fußball spielen *fusbal SHpiløn*
jugar una partida de... eine Partie... spielen *ainø parti... SHpiløn*
partido das Spiel *das SHpil*
pelota der Ball *der bal*
piscina das Schwimmbad *das SHvimbat*
tenis der Tennis *der tenis*

Expresarse

quisiera alquilar uno/una para una hora
ich würde gern für eine Stunde mieten
ij vyrdø guern fyr ainø SHtundø mitøn

¿dan clases de...?
kann man... -unterricht nehmen?
kan man... -untør-rijt nemøn?

¿cuánto cuesta por hora y por persona?
wie viel kostet das pro Stunde und Person?
vifil kostøt das pro SHtundø unt perzon?

nunca lo he hecho
ich habe das noch nie gemacht
ij Habø das noj ni guemajt

ya no puedo más
ich kann nicht mehr
ij kan nijt mer

¿paramos a comer algo?
machen wir eine Vesperpause?
majøn vir ainø vespørpauzø?

tengo agujetas
ich habe Muskelkater
ij Habø muskølkatør

hemos jugado a/al...
wir haben... gespielt
vir Habøn... gueSHpilt

lo provó una o dos veces, hace mucho tiempo
ich habe es ein, zwei Mal gemacht, aber das ist lange her
*ij Habø es **ain, tsvai** mal guemajt, abør das ist languø Her*

Entender

... -vermietung
alquiler de...

Sie müssen,... anbezahlen
hay que pagar... por adelantado

haben Sie Grundkenntnisse oder sind Sie blutiger Anfänger?
¿tiene algo de experiencia o es principiante?

die Versicherung ist obligatorisch und kostet...
el seguro cuesta... y es obligatorio

SENDERISMO

Expresarse

¿hay senderos para caminar?
gibt es Wanderwege?
*guipt es **van**dørveguø?*

¿nos podría recomendar alguna ruta para andar por los alrededores?
welche Wanderungen können Sie uns in der Umgebung empfehlen?
*veljø **van**dørunguøn kønøn zi uns in der **um**guebung em**pfe**løn?*

queremos dar un pequeño paseo por aquí cerca
wir möchten gern eine kleine Wanderung in der Gegend machen
*vir møjtøn guern ainø klainø **van**dørung in der **gue**guønt majøn*

¿hace falta llevar botas de montaña?
sind Wanderschuhe nötig?
*zint **van**dørSHuHø **nø**tij?*

¿de cuántas horas es la excursión?
wie viele Stunden dauert diese Wanderung?
*vi filø **SHtun**døn dauørt dizø **van**dørung?*

¿hay mucho desnivel?
ist der Höhenunterschied groß?
ist der HøHønuntørSHid gros?

¿dónde empieza el sendero?
wo fängt der Wanderweg an?
*vo fengt der **van**dørveg an?*

¿el camino está señalizado?
ist der Weg ausgezeichnet?
*ist der vek **aus**guetsaijnøt?*

¿el camino es un circuito completo?
ist das ein Rundweg?
*ist das ain **runt**vek?*

Entender

Durchschnittsdauer duración media

es ist eine dreistündige Wanderung, Pausen inbegriffen
es una excursión de tres horas aproximadamente, contando las paradas

Sie brauchen ein Regencape und wasserdichte Wanderschuhe
no se olviden el chubasquero y las botas de agua

ESQUÍ

Expresarse

quisiera alquilar unos esquíes, bastones y botas de esquiar
ich möchte Skier, Skistöcke und Skischuhe mieten
*ij møjtø SHiør, SHiSHtøkø unt SHiSHuHø **mi**tøn*

son pequeñas
sie sind zu klein
zi zint tsu klain

ya he esquiado otras veces
ich bin schon Ski gelaufen
*ij bin SHon SHi gue**lau**føn*

un forfait para un día
ein Pauschalpreis für den ganzen Tag
*ain **pau**SHalprais fyr den **gan**tsøn tak*

Entender

Ankerlift telearrastre
Pauschalpreis forfait
Sesselift telesilla
Skilift remontes

OTROS DEPORTES

Expresarse

¿hay pistas para bicicleta?
gibt es Fahrradwege?
*guipt es **fa**ratveguø?*

¿dónde se puede alquilar bicicletas?
wo gibt es einen Fahrradverleih?
*vo guipt es ainøn **fa**ratferlai?*

¿tiene alguien un balón de fútbol por casualidad?
hat zufällig jemand einen Fußball?
*Hat **tsu**felij yemant ainøn **fus**bal?*

¿hay alguna piscina descubierta?
gibt es ein Freibad?
*gupt es ainøn **frai**bat?*

no había buceado nunca
ich bin noch nie getaucht
*ij bin noj **ni** guetaujt*

quisiera dar unas clases de vela para principiantes
ich würde gerne einen Segelkurs für Anfänger machen
*ij vYrdø guern ainøn **ze**guølkurs fYr **an**fenguør majøn*

corro todas las mañanas media hora
ich jogge jeden Morgen eine halbe Stunde
*ij djoguø **ye**døn **mor**guøn ainø **Halp** SHtundø*

DEPORTES Y JUEGOS

Entender

... -verleih,... -vermietung alquiler de...

es gibt einen städtischen Tennisplatz in der Nähe des Bahnhofs
hay una pista de tenis municipal cerca de la estación

der Tennisplatz ist schon belegt
la pista de tenis está ocupada

reiten Sie zum ersten Mal?
¿es la primera vez que monta a caballo?

können Sie schwimmen?
¿sabe nadar?

spielst du Basketball?
¿juegas al baloncesto?

JUEGOS DE MESA

Expresarse

¿jugamos una partida de cartas?
spielen wir eine Runde Karten?
SHpiløn vir ainø rundø kartøn?

te toca jugar
du bist dran
du bist dran

¿quieres la revancha?
möchtest du eine Revanche?
møjtøst du ainø revanSHø?

¿lo dejamos ya o jugamos la buena?
hören wir auf oder machen wir ein Entscheidungsspiel?
Hørøn vir auf odør majøn vir ain entSHaidungspil?

Entender

spielen Sie Schach?
¿sabe jugar al ajedrez?

hast du ein Kartenspiel?
¿tienes una baraja?

DE COMPRAS

En general, las tiendas abren de 9.00 a 20.00 entre semana y de 9.00 a 16.00 los sábados (de 9.00 a 18.00 los cuatro sábados anteriores a Navidad).

En diciembre, no hay que dejar de visitar los mercados tradicionales de Navidad, en los que hay productos artesanales y buenas ideas para regalos. Para entrar en calor, se puede beber al aire libre vino caliente con canela (**Glühwein**) acompañado de salchichas o bizcocho.

Kaufhof son unos grandes almacenes de excelente calidad. En Berlín, es casi obligatorio pasar por los famosos grandes almacenes **Ka De We** (**Kaufhaus des Westens** = Almacenes del Oeste).

Para empezar

barato — billig *bilij*
caja — die Kasse *di kasø*
caro — teuer *toyør*
centro comercial — das Einkaufszentrum *das ainkaufstsentrum*
comercio — das Geschäft *das guesHeft*
comprar — kaufen *kauføn*
costar — kosten *kostøn*
devolver el dinero — zurückerstatten *tsurYkerSHtatøn*
estanco — das Tabakgeschäft *das tabakguesHeft*
grandes almacenes — das Kaufhaus *das KaufHaus*
kilo — das Kilo *das kilo*
mercado — der Markt *der markt*
pagar — bezahlen *bøtsaløn*
pan — das Brot *das brot*
panadería — die Bäckerei *di bekørai*
precio — der Preis *der prais*

rebajas	der Ausverkauf *der* ***aus****ferkauf*
regalo	das Geschenk *das gue****sHenk***
ropa	die Kleider *di* ***klai****dør*
souvenir	das Andenken *das* ***an****denkøn*
supermercado	der Supermarkt *der* ***zu****pørmarkt*
ticket de compra	der Kassenbon *der* ***ka****sønbon*
tienda	der Laden *der* ***la****døn*
vendedor	der Verkäufer *der fer****koi****før*
vender	verkaufen *fer****kau****føn*
verduras	das Gemüse *das gue****mY****zø*

Expresarse

¿hay algún supermercado en el barrio?
gibt es einen Supermarkt im Viertel?
guipt es ainøn zupørmarkt im firtøl?

¿dónde puedo comprar tabaco?
wo kann ich Zigaretten kaufen?
vo kan ij tsigaretøn kauføn?

quisiera…
ich möchte…
ij møjtø…

estoy buscando…
ich suche…
ij zujø…

¿tienen…?
haben Sie…?
Habøn zi…?

¿me lo puede encargar?
können Sie es mir bestellen?
kønøn zi øs mir bøsHteløn?

¿sabe dónde podría encontrarlo?
wissen Sie, wo ich so etwas finden kann?
visøn zi vo ij zo etvas findøn kan?

¿cuánto cuesta este…?
wie viel kostet dieser/diese/dieses…?
vifil kostøt dizør/dizø/dizøs…?

está bien, me lo quedo
gut, das nehme ich
gut, das nemø ij

¿no me puede hacer un poco de descuento?
können Sie mir einen Preisnachlass gewähren?
kønøn zi mir ainøn praisnajlas gueverøn?

no tengo mucho dinero
ich habe nicht viel Geld
ij Habø nijt fil guelt

nada más, gracias
das wäre alles, vielen Dank
das verø aløs, filøn dank

¿me puede dar una bolsa de plástico?
kann ich eine Plastiktüte haben?
kan ij ainø plastiktʏtø Habøn?

no tengo suficiente dinero
ich habe nicht genug Geld
ij Habø nijt guenuk guelt

se ha equivocado, me ha dado mal la vuelta
Sie haben mir falsch herausgegeben
zi Habøn mir falsH Herausgueguebøn

Entender

Ausverkauf rebajas
geöffnet von... bis... abierto de... a...
Sonderangebot oferta

sonntags/von 13 Uhr bis 15 Uhr geschlossen
cerrado los domingos/de 13.00 a 15.00

was darf es noch sein?
¿algo más?

möchten Sie eine Tüte?
¿le pongo una bolsa?

PAGAR

Expresarse

¿dónde está la caja?
wo ist die Kasse?
vo ist di kasø?

¿cuánto le debo?
wie viel schulde ich Ihnen?
vifil sHuldø ij inøn?

¿me lo podría escribir, por favor?
können Sie es mir bitte aufschreiben?
***kø**nøn zi es mir bitø **auf**SHraibøn?*

¿se puede pagar con tarjeta?
kann ich mit der Bankkarte bezahlen?
***kan** ij mit der **bank**kartø bøtsaløn?*

¿admiten tarjetas de crédito?
nehmen Sie Kreditkarten?
***ne**møn zi kre**dit**kartøn?*

voy a pagar en metálico
ich bezahle bar
*ij bøtsalø **bar***

lo siento, no tengo cambio
es tut mir Leid, ich habe kein Kleingeld
*es tut mir **lait**, ij Habø kain **klain**guelt*

¿puede darme cambio?
können Sie mir das in Kleingeld wechseln?
***kø**nøn zi mir das in **klain**guelt veksøln?*

¿me puede dar un recibo?
kann ich eine Quittung haben?
***kan** ij ainø **kvi**tung Habøn?*

Entender

an der Kasse bezahlen
pagar en caja

wie bezahlen Sie?
¿cómo va a pagar?

haben Sie gar kein Kleingeld?
¿no tiene nada de cambio?

haben Sie ein Ausweispapier?
¿me permite su documento de identidad?

so, hier bitte unterschreiben
firme aquí, por favor

ALIMENTACIÓN

Expresarse

¿dónde se puede comprar comida a estas horas?
wo kann man um diese Zeit etwas zu essen kaufen?
***vo** kan man um dizø tsait etvas tsu **e**søn kauføn?*

¿hay algún mercado?
gibt es einen Markt?
***guipt** es ainøn **markt**?*

¿hay alguna panadería por aquí?
gibt es hier in der Gegend eine Bäckerei?
***guipt** es Hir in der gueguønt ainø bekø**rai**?*

estoy buscando las conservas
ich suche die Konservenabteilung
*ij **zu**jø di kon**ser**vønaptailung*

quisiera cinco lonchas de jamón
fünf Scheiben Schinken, bitte
***fYnf** SHaibøn **SHin**køn, bitø*

voy a llevarme un trocito de ese queso de oveja
ich nehme ein kleines Stück von diesem Schafskäse
*ij nemø ain **klai**nøs SHtYk von dizøm **SHafs**kezø*

no, éste no, aquél, más a la derecha, sí, eso es
nein nicht der, der dort, weiter rechts, ja genau
nain**, nijt **der**, **der** dort, vaitør **rejts**, ia guen**au

es para cuatro personas
es soll für vier Personen sein
*es zol fYr **fir** per**zo**nøn zain*

un kilo de patatas, por favor
ein Kilo Kartoffeln, bitte
***ain** kilo kar**to**føln, bitø*

un poco más
etwas mehr
*etvas **mer***

unos trescientos gramos
etwa dreihundert gramm
*etva **drai**Hundørt **gram***

¿puedo probarlo?
könnte ich probieren?
***køn**tø ij pro**bi**røn*

un poco menos
etwas weniger
*etvas **ve**niguør*

DE COMPRAS

¿se conserva bien?
hält sich das gut?
Helt zij das gut?

¿se puede llevar de viaje?
eignet es sich für unterwegs?
aignøt es zij fyr untørveks

Entender

Feinkostgeschäft tienda de delicatessen
Milchprodukte productos lácteos
mindestens haltbar bis... consumir antes del...
Spezialitäten der Region especialidades de la región
Wurstwaren embutidos

Markt täglich bis 13 Uhr
hay mercado todos los días hasta la una

an der Straßnecke gibt es ein Lebensmittelgeschäft, das noch spät geöffnet hat
hay una tienda de comestibles a la vuelta de la esquina que abre hasta tarde

ROPA

Expresarse

estoy buscando la sección de hombres
ich suche die Herrenabteilung
ij zujø di Herønaptailung

no, gracias, sólo estoy mirando
nein danke, ich sehe mich nur um
nain dankø, ij seHø mij nur um

¿puedo probármelo?
kann ich das anprobieren?
kan ij das anprobirøn?

calzo el treinta y nueve
ich habe Schuhgröße neununddreißig
ij Habø SHugrøsø noinuntdraisij

quisiera probarme aquél que está en el escaparate
ich möchte das da anprobieren, im Schaufenster
*ij møjtø **das** da **an**probirøn, im sHau*fenstør*

¿dónde están los probadores?
wo sind die Umkleidekabinen?
***vo** zint di **um**klaidøkabinøn?*

¿los tiene en rojo?
haben Sie sie in rot?
*H**a**bøn zi zi in **rot**?*

¿no lo tiene en otro color?
haben Sie es nicht in einer anderen Farbe?
*H**a**bøn zi es **nijt** in ainør andørøn **far**bø?*

¿tiene una talla más/menos?
haben Sie es in einer kleineren/größeren Größe?
*H**a**bøn zi es in ainør **klai**nørøn/**grø**sørøn grøsø?*

es demasiado ancho
es ist zu weit
*es ist tsu **vait***

sí, está bien, me los/las quedo
ja, das passt, das nehme ich
*ya, das **past**, das **ne**mø ij*

no, no me gusta
nein, das gefällt mir nicht
***nain**, das gue**felt** mir nijt*

voy a pensármelo
ich werde es mir überlegen
*ij **ver**dø es mir Ybør**le**guøn*

DE COMPRAS

Entender

Ausnahmsweise sonntags geöffnet abrimos el domingo
Damenbekleidung ropa de señora
Herrenbekleidung ropa de caballero
Kinderkleidung ropa infantil
Umkleidekabinen probadores

guten Tag, kann ich Ihnen helfen?
buenos días ¿puedo ayudarle?

wir haben es nur noch in blau oder schwarz
nos queda solamente en azul o en negro

in dieser Größe haben wir leider nichts mehr
ya no nos queda de esa talla

das steht Ihnen gut
le queda bien

na, wie gefällt es Ihnen?
bueno, ¿qué le parece?

RECUERDOS Y REGALOS

Expresarse

busco un regalo para llevar
ich möchte jemandem ein Geschenk mitbringen
*ij **møj**tø yemandøm ain gues**Henk** mitbringuøn*

quisiera algo que se pueda llevar de viaje
ich möchte etwas, das man leicht transportieren kann
*ij **møj**tø etvas, das man **laijt** transpor**ti**røn kan*

es para una niña de cuatro años
es soll für ein vierjähriges Mädchen sein
*es zol fyr ain **fir**yeriguøs **med**jøn zain*

¿me lo puede envolver para regalo?
können Sie es mir als Geschenk einpacken?
***kø**nøn zi es mir als gue ainpakøn?*

Entender

aus Holz/Silber/Gold/ Wolle/Baumwolle de madera/plata/oro/ lana/algodón
handgemacht hecho a mano
hergestellt nach alter Tradition producto artesanal

das kommt darauf an, wie viel wollen Sie denn ausgeben?
depende, ¿cuánto pensaba gastar?

soll es ein Geschenk sein?
¿es para regalo?

Algunas expresiones familiares

das ist unverschämt/unerschwinglich! ¡es un timo!
ich bin pleite estoy sin blanca
das kostet ein Vermögen cuesta un ojo de la cara
das ist geschenkt está tirado de precio
Totalausverkauf remate final

FOTOGRAFÍA

Para empezar

blanco y negro	schwarz-weiß *SHvartsvais*
brillo	hochglanz *Hojglants*
cámara de fotos	der Fotoapparat *der fotoaparat*
cámara de usar y tirar	der Einwegfotoapparat *der ainvegfotoaparat*
cámara digital	die Digitalkamera *di diguitalkamera*
carrete	der Film *der film*
color	Farb- *farb-*
copia	der Abzug *der aptsuk*
diapositiva	das Dia(positiv) *das dia(positif)*
foto	das Bild *das bilt*
mate	matt *mat*
revelar fotos	Fotos entwickeln lassen *fotos entvikøln lasøn*
sacar una foto/ unas fotos	ein Foto/Fotos machen *ain foto/fotos majøn*

Expresarse

¿podría sacarnos una foto?
könnten Sie ein Foto von uns machen?
køntøn zi ain foto fon uns majøn?

sólo tiene que apretar este botón
einfach auf den Knopf drücken
ainfaj auf den knopf drYkøn

quisiera un carrete en color doscientos ASA
ich möchte einen Farbfilm mit zweihundert ASA
ij møjtø ainøn farbfilm mit tsvaiHundørt aza

¿cuánto cuesta revelar un carrete de treinta y seis fotos?
wie viel kostet das Entwickeln eines Sechsunddreißig-Bilder-Films?
vifil kostøt das entvikøln ainøs zeksundraisij-bildør-films?

quisiera revelar este carrete
ich möchte diesen Film entwickeln lassen
*ij møjtø dizøn **film** entv**ik**øln lasøn*

¿tienen carretes en blanco y negro?
haben Sie Schwarzweißfilme?
*Habøn zi **SHvarts**vaisfilmø?*

vengo a recoger unas fotos
ich komme, um meine Fotos abzuholen
*ij **ko**mø um mainø **fo**tos aptsu**Ho**løn*

no he hecho muchas fotos
ich habe noch nicht viele Fotos gemacht
*ij Habø noj nijt filø **fo**tos guømajt*

tengo un problema con mi cámara
ich habe ein Problem mit meinem Fotoapparat
*ij Habø ain pro**blem** mit mainøm fotoapa**rat***

no sé lo que le pasa
ich weiß nicht, was los ist
*ij vais nijt vas **los** ist*

el flash no funciona
der Blitz funktioniert nicht
*der **blits** funktsio**nirt** nijt*

FOTOGRAFÍA

Entender

Bilder in einer Stunde revelado en una hora
Standardformat formato estándar

vielleicht ist die Batterie leer?
quizá sea la pila, que se ha agotado

auf welchen Namen?
¿a nombre de quién?

bis wann möchten Sie sie haben?
¿para cuándo las quiere?

wir bitten eine Schnellentwicklung in einer Stunde an
podemos revelárselas en una hora

Sie können Ihre Fotos ab Donnerstag mittag abholen
las fotos estarán listas el jueves a mediodía

EL BANCO

Los bancos suelen estar abiertos de lunes a viernes de 8.30 a 16.00 o 17.00. La mayoría de los cajeros se reconocen por la enseña **EC**.

Cuidado: algunas tiendas no aceptan el pago con tarjeta de crédito (ya sea de tipo Visa®, Mastercard® o American Express®).

Para empezar

banco — die Bank *di bank*
billete *(de banco)* — der Geldschein *der **guelt**sHain*
cajero (automático) — der Geldautomat *der **guelt**automat*
cheque — der Scheck *der sHek*
cheques de viaje — der Travellerscheck *der **tra**vlørsHek*
comisión — die Komission *di komisi**on***
cuenta (bancaria) — das Konto *das **kon**to*
moneda — die Münze *di **mYn**tsø*
número personal — die PIN-Nummer *di **pin**numør*, die Geheimzahl *di gue**haim**tsal*
reintegro — das Abheben *das **ap**hebøn*
sacar dinero — Geld abheben ***guelt** aphebøn*
tarjeta de crédito — die Kreditkarte *di kre**dit**kartø*
transferencia — die Überweisung *di Ybør**vai**zung*
ventanilla — der Schalter *der **sHal**tør*

Expresarse

estoy buscando un cajero automático
ich suche einen Geldautomat
*ij **zu**jø ainøn **guelt**automat*

quisiera hacer una transferencia
ich möchte Geld überweisen
*ij møjtø **guelt** Ybørvaizøn*

¿cuánto tiempo tardará?
wie lange dauert das?
*vi languø **dau**ørt das?*

estoy esperando un giro
ich erwarte eine Baranweisung
*ij ervartø ainø **bar**anvaizung*

quisiera comunicar la pérdida de mis tarjetas de crédito
ich möchte den Verlust meiner Kreditkarte melden
*ij **møj**tø den fer**lust** mainør kre**dit**kartø meldøn*

el cajero se ha tragado la tarjeta
der Geldautomat hat meine Kreditkarte einbehalten
*der **guelt**automat hat mainø kre**dit**kartø **ain**bøhaltøn*

Entender

geben Sie Ihre Karte ein
introduzca la tarjeta

geben Sie Ihren Geheimcode ein
teclee su número personal

wählen Sie einen Betrag
elija el importe

mit Quittung
reintegro con justificante

(zeitweilig) außer Betrieb
cajero (temporalmente) fuera de servicio

El símbolo de correos y de los buzones es un cornetín negro sobre un fondo amarillo. Las oficinas de correos suelen abrir de lunes a viernes de 8.00 a 18.00, y los sábados de 8.00 a 12.00. En las estaciones de las grandes ciudades, algunas oficinas cierran más tarde e incluso abren los domingos. A veces hay ventanillas en las estaciones de metro. Para una postal, la tarifa interior y para la Unión Europea (+ Turquía y Suiza) es de 0,50 € (0,60 para el resto de países). Sólo se venden sellos en las oficinas de correos y en algunas tiendas turísticas.

Para empezar

carta der Brief *der brif*
código postal die Postleitzahl *di **post**laitsal*
correo die Post *di post*
enviar (ab)schicken *(**ap**)SHikøn*
escribir schreiben ***chra**ibøn*
paquete das Päckchen *das **pek**jøn*
por avión per Luftpost *per **luft**post*
postal die Postkarte *di **post**kartø*
recibir bekommen *bø**ko**møn*
sello die Briefmarke *di **brif**markø*
sobre der Briefumschlag *der brif**um**SHlak*

Expresarse

¿dónde hay una oficina de correos?
wo finde ich ein Postamt?
*vo findø ij ain **post**amt?*

¿hay algún buzón por aquí?
gibt es hier irgendwo einen Briefkasten?
*guipt es hir irguøntvo ainøn **brif**kastøn?*

¿correos está abierto los sábados?
ist die Post samstags geöffnet?
*ist di post **zam**staks ge**øf**nøt?*

¿a qué hora cierra correos?
um wie viel Uhr schließt die Post?
*um vifil **ur** SHlist di post?*

quisiera cinco sellos para España
fünf Briefmarken für Spanien, bitte
*fynf **brif**markøn fyr SH**pa**niøn, bitø*

¿cuánto cuesta un sello para Suiza?
wie viel kostet eine Briefmarke für die Schweiz?
*vifil **kos**tøt ainø **brif**markø fyr di **chvaits**?*

quisiera enviar este paquete a... por avión
ich möchte dieses Päckchen per Luftpost nach… schicken
*ij møjtø dizøs **pek**jøn per **luft**post naj… SHikøn*

¿cuánto tiempo tarda en llegar?
wie lange dauert das etwa?
*vi **lan**guø dauørt das **et**va?*

¿dónde puedo comprar sobres?
wo kann ich Briefumschläge kaufen?
*vo kan ij brif**um**SHleguø kauføn?*

¿hay correo para mí?
ist Post für mich da?
*ist post fyr mij **da**?*

Entender

Absender remitente
Empfänger destinatario
erste Leerung recogida: mañanas
letzte Leerung recogida: tardes
zerbrechlich frágil

das dauert zwei bis fünf Tage
tarda entre dos y cinco días

E-MAILS y CIBERCAFÉS

Los cibercafés se concentran sobre todo en las grandes ciudades. Los precios van de 2,5 a 3,5 € por 30 minutos.

Si viaja con su ordenador portátil, no se olvide de llevar un adaptador para las tomas de teléfono. De todas formas, siempre puede comprar uno en las tiendas especializadas.

Para empezar

arroba at *et*
borrar löschen *løSHøn*
contraseña das (Benutzer)kennwort *das (bønutsør)kenvort*
copiar kopieren *kopirøn*
correo electrónico die E-Mail *di imel*
descargar herunterladen *heruntørladøn*
dirección de e-mail/de correo electrónico E-Mail-Adresse *imel adresø*
enviar un e-mail eine E-Mail schicken *ainø imel SHikøn*
guardar speichern *SHpaijørn*
pegar einfügen *ainfYguøn*
recibir empfangen *empfanguøn*
tecla die Taste *di tastø*
teclado die Tastatur *di tastatur*

Expresarse

¿hay algún cibercafé aquí?
gibt es hier ein Internetcafé?
guipt es hir ain intørnet cafe?

tengo que ir al cibercafé para ver el correo
ich muss im Internetcafé meine Mailbox abrufen
ij mus im ***in****tørnet ca****fe*** *mainø melbox* ***ap****ruføn*

¿tiene dirección de e-mail/de correo electrónico?
haben Sie eine E-Mail-Adresse?
*habøn zi ainø imal a****dre****sø?*

quisiera abrir una cuenta de correo electrónico
ich würde gern eine E-Mail-Adresse anmelden
*ij vYrdø guern ainø imel a****dre****sø* ***an****meldøn*

quisiera un ticket para...
ich möchte ein Ticket für ...
ij møjtø ain ***ti****køt fYr...*

no funciona
das funktioniert nicht
das funktsionirt ***nijt***

¿cómo tengo que conectarme?
wie stelle ich eine Verbindung her?
*vi SHtelø ij ainø fer****bin****dung h****e****r?*

podría ayudarme, no sé cómo funciona
können Sie mir helfen, ich weiß nicht, wie das funktioniert
kø*nøn zi mir* ***hel****føn, ij vais* ***nij****t vi das funktsio****nirt***

hay un problema, se ha bloqueado
es gibt ein Problem, der Computer ist blockiert
*es guipt ain pro****blem****, d****e****r com****pyu****tør ist blo****kirt***

¿se puede llamar por teléfono a través de internet aquí?
kann man hier via Internet telefonieren?
kan man hir via ***in****tørnet telefo****ni****røn?*

Entender

Postausgang bandeja de salida
Posteingang bandeja de entrada

Sie müssen etwa zwanzig Minuten warten
tiene que esperar veinte minutos aproximadamente

soll ich Sie auf die Liste setzen?
puede apuntarse en la lista

TELÉFONO

Hay pocas cabinas que funcionen con monedas. Se venden tarjetas telefónicas de 6 o 25 € en las oficinas de correos y en los quioscos (aunque no en los estancos). Una solución práctica es utilizar una tarjeta telefónica de prepago (que es un servicio que ofrecen la mayoría de los grandes operadores de telefonía), que permite llamar desde cualquier aparato, ya sea público o privado.

Cuando se da un número de teléfono, hay que decir cada cifra por separado. 0 se dice **null** y 2 puede decirse **zwei** o **zwo**. Por ejemplo, 06151-772081 se leerá **null**, **sechs**, **eins**, **fünf**, **eins**, **sieben**, **sieben**, **zwei** (o **zwo**), **null**, **acht**, **eins**. Cuando se hace o se recibe una llamada, lo primero que se hace siempre es decir el nombre. Al colgar, la fórmula de despedida no es **aufwiedersehen** sino generalmente **aufwiederhören** (**sehen** = ver, **hören** = oír).

Para llamar a España desde Alemania, hay que marcar el 00 + 34 + número del abonado (de nueve cifras). Para llamar a Alemania desde España, hay que marcar el 00 + 49 + prefijo de la ciudad + número del abonado. Para llamar entre localidades alemanas, hay que marcar el 0 + prefijo de la localidad + número del abonado.

Para empezar

buenas tardes Hallo *Halo*
buenos días Hallo *Halo*
cabina telefónica die Telefonzelle *di telefontselø*
contestador der Anrufbeantworter *der anrufbøantvortør*
¿dígame? Hallo *Halo*
guía telefónica das Telefonbuch *das telefonbuj*
hola Hallo *Halo*
información die Auskunft *di auskunft*

llamada internacional/ nacional/local	das (Auslands-/Fern-/Orts-) Gespräch *das **aus**landz/**fern**/**orts**guesHprej*
llamar a alguien	jemanden anrufen *ye**man**døn **an**ruføn*
llamar por teléfono	telefonieren *telefo**ni**røn*
mensaje	die Nachricht *di **naj**rijt*
móvil	das Handy *das **Hen**di*
número de teléfono	die Telefonnummer *di tele**fon** numør*
Páginas Amarillas®	die Gelben Seiten *di guelbøn **zai**tøn*
tarjeta telefónica	die Telefonkarte *di tele**fon**kartø*
teléfono	das Telefon *das tele**fon***

Expresarse

¿dónde puedo comprar una tarjeta telefónica?
wo kann ich eine Telefonkarte kaufen?
*vo kan ij ainø tele**fon**kartø **kau**føn?*

una tarjeta telefónica de... euros, por favor
eine Telefonkarte zu... Euro, bitte
*ainø tele**fon**kartø tsu... **oi**ro, bitø*

¿sabe si hay una cabina telefónica cerca de aquí?
kennen Sie eine Telefonzelle hier in der Nähe?
*kenøn zi ainø tele**fon**tselø Hir in der **ne**Hø?*

¿podría darme cambio de...?, es para el teléfono
können Sie mir für... Kleingeld geben, ich muss telefonieren
***kø**nøn zi mir fyr... **klain**guelt guebøn, ij mus telefo**ni**røn*

quisiera llamar a cobro revertido
ich hätte gern ein R-Gespräch
*ij Hetø guern ain **er**-guesHprej*

¿me lo puede repetir más despacio?
können Sie das noch einmal langsam wiederholen?
*kønøn zi das noj **ain**mal **lan**gzam vidør**Ho**løn?*

¿puede hablar más alto?
können Sie lauter sprechen?
***kø**nøn zi **lau**tør SH**pre**jøn?*

¿habla usted español?
sprechen Sie spanisch?
SHprejøn zi SHpaniSH?

¿hay algún enchufe para cargar la batería del móvil?
gibt es hier eine Steckdose, damit ich mein Handy aufladen kann?
guipt es Hir ainø SHtekdozø, damit ij main Hendi aufladøn kann?

¿tienes número de móvil?
hast du eine Handynummer?
Hast du ainø Hendinumør?

¿has recibido mi mensaje?
hast du meine Nachricht bekommen?
Hast du mainø najrijt bøkomøn?

¿dónde puedo localizarle durante el día?
wo kann ich Sie tagsüber erreichen?
vo kan ij zi taksYbør erraijøn?

Entender

kein Anschluss unter dieser Nummer
no existe ninguna línea en servicio con esta numeración

EXPRESIONES USUALES

Expresarse

hola, buenos días/buenas tardes, quisiera hablar con el señor..., de parte de...
guten Tag, ich würde gern mit Herrn... sprechen; mein Name ist...
gutøn tak, ij vYrdø guern mit Hern... SHprejøn; main namø ist...

hola, soy Juan ¿estoy llamando a casa de...?
hallo, ich bin Juan, spreche ich mit...?
Hallo, ij bin juan, SHprejø ij mit...?

¿de parte de quién?
wie ist Ihr Name?
vi ist ir namø?

se ha equivocado de número
Sie haben sich verwählt
zi Habøn zij vervelt

un momento, por favor
einen Augenblick, bitte
*ainøn **au**guønblik, bitø*

se lo paso
ich gebe ihn Ihnen
*ij guebø in **i**nøn*

no cuelgue
bleiben Sie dran
*blaibøn zi **dran***

ha salido
er ist im Moment nicht da
*er ist im mo**ment** nijt da*

volverá en media hora
er ist in einer halben Stunde zurück
*er ist in ainør **Hal**bøn **SH**tundø tsu**rYk***

¿puede decirle que le he llamado?
können Sie ihm sagen, dass ich angerufen habe?
***kø**nøn zi im **za**guøn, das ij **an**gue**ru**føn Habø?*

¿tiene bolígrafo a mano?
haben Sie etwas zu schreiben?
***Ha**bøn zi etvas tsu **SHrai**bøn?*

soy... y mi teléfono es el...
mein Name ist..., ich bin unter der Nummer... erreichbar
*main namø ist..., ij bin untør der **nu**mør... er**raij**bar*

¿puede decirle que me llame?
können Sie ihm sagen, er möge mich zurückrufen?
*kønøn zi im **za**guøn, er møguø mij tsu**rYk**ruføn?*

¿sabe cuándo puedo hablar con él?
wissen Sie, wann ich ihn erreichen kann?
*visøn zi van ij in er**rai**jøn kan?*

puede llamarme al...
ich bin erreichbar unter der Nummer...
*ij bin er**raij**bar untør der **nu**mør...*

volveré a llamar (más tarde)
ich rufe (später) noch einmal an
*is rufø (**SHpe**tør) noj **ain**mal an*

muchas gracias, adiós
vielen Dank, aufwiederhören
*filøn dank, **auf**vidørHørøn*

¿nos llamamos pronto?
telefonieren wir bald?
*telefo**ni**røn vir **balt**?*

volvemos a hablar, ¿vale?
wir telefonieren, ja?
*vir telefo**ni**røn, o**ke**?*

Entender

wer spricht da, bitte?
¿de parte de quién?

einen Augenblick, ich gebe ihn Ihnen
un momento, se lo paso

er ist nicht da, soll ich ihm etwas ausrichten?
no está, ¿quiere dejarle algún recado?

ich richte ihm aus, dass Sie angerufen haben
le diré que ha llamado

sprechen Sie nach dem Pfeifton
por favor, deje su mensaje después de la señal

PROBLEMAS

Expresarse

no sé el prefijo
ich weiß die Vorwahl nicht
*ij vais di **for**val nijt*

no contesta
es nimmt keiner ab
*es nimt **kai**nør ap*

está comunicando
es ist besetzt
*es ist bø**zetst***

no he podido hablar con él
ich habe ihn nicht erreicht
*ij Habø in nijt er**raijt***

se me está acabando la tarjeta
ich habe nicht mehr viele Einheiten auf meiner Telefonkarte
*ij Habø nijt mer filø **ain**Haitøn auf mainør tele**fon**kartø*

espera, se va a cortar, tengo que echar más monedas
warte mal, das Gespräch bricht gleich ab; ich muss Geld nachwerfen
*vartø mal, das gue**SHprej** brijt glaij **ap**; ij mus guelt najverføn*

se oye muy mal
der Empfang ist sehr schlecht
*der **emp**fang ist **zer** SHlejt*

TELÉFONO

no hay cobertura aquí
ich habe hier keinen Empfang
*ij Habø Hir **kai**nøn **em**pfang*

¿puedo enchufar aquí el móvil para cargarlo?
kann ich mein Handy hier zum Aufladen anschließen?
***kan** ij main **Hen**di Hir tsum **auf**ladøn **an**sHlisøn?*

Entender

ich verstehe Sie sehr schlecht
le oigo muy mal

das Gespräch wurde unterbrochen
se ha cortado

Sie müssen sich verwählt haben
creo que se ha equivocado de número

Si es usted ciudadano de la Unión Europea, tiene que rellenar el formulario europeo E 111 en su delegación de la Seguridad Social antes de viajar a Alemania. Así, le reembolsarán a la vuelta los posibles gastos sanitarios en los que haya incurrido durante su estancia al presentar el correspondiente recibo.

Las farmacias (**Apotheke**) tienen un horario similar al del resto de comercios; las direcciones y los horarios de las farmacias de guardia aparecen indicados en los escaparates de todas las farmacias. Las farmacias son los únicos establecimientos autorizados para vender medicamentos, incluso aunque no sea necesaria una receta para adquirirlos.

Los hoteles y las pensiones suelen tener una lista con las direcciones de los médicos, que también se pueden buscar en el listín telefónico en la sección **Ärzte** (médicos). Los médicos suelen visitar de10.00 a 12.00 y de 16.00 a 18.00, excepto los miércoles y los fines de semana. En caso de urgencia o de accidente, hay que llamar al 112.

Para empezar

alcohol de 90 (grados) neunzigprozentiger Alkohol *nointsij-pro**tsen**tiguør alk**o**Hol*
alergia die Allergie *di aler**gui***
ambulancia der Krankenwagen *der **kran**kønvaguøn*
aspirina Aspirin *aspi**rin***
comprimido die Tablette *di ta**ble**tø*
dentista der Zahnarzt *der **tsan**artst*
desinfectar desinfizieren *dezinfi**tsi**røn*
farmacia die Apotheke *di apo**te**kø*
fiebre das Fieber *das **fi**bør*
grano der Pickel *der **pi**køl*

ginecólogo	der Frauenarzt *der* ***frau****ønartst*
hospital	das Krankenhaus *das* ***kran****kønHaus*
intoxicación alimentaria	die Lebensmittelvergiftung *di* ***le****bøns-mitølfer****gui****ftung*
medicamento	das Medikament *das medika****ment***
médico	der Arzt *der artst*
médico de familia	der Allgemeinarzt *der algue****main****artst*
pomada	die Salbe *di* ***zal****bø*
radio *(rayos X)*	Röntgen ***rønt****guøn*
roto	gebrochen *gue****bro****jøn*
sangre	das Blut *das blut*
tener la regla	seine Tage haben *zainø* ***ta****guø Habøn*
tirita	das Pflaster *der* ***pflas****tør*
urgencias	die Notfallaufnahme *di* ***not****falaufnamø*
vacuna	die Impfung *di* ***im****pfung*
vomitar	erbrechen *er****bre****jøn*

SALUD

Expresarse

¿tiene alguien una aspirina por casualidad?
hat zufällig jemand ein Aspirin?
Hat ***tsu****felij yemant ain aspi****rin****?*

tengo que ir al médico
ich muss zum Arzt gehen
is mus tsum ***artst*** *gueøn*

¿dónde puedo encontrar un médico a estas horas?
wo kann ich um diese Zeit einen Arzt finden?
vo *kan ij um dizø tsait ainøn* ***artst*** *findøn?*

quisiera pedir cita para hoy
ich hätte gern einen Termin für heute
*ij Hetø guern ainøn ter****min*** *fyr* ***Hoi****tø*

lo antes posible
so bald wie möglich
zo balt vi ***mø****glij*

no, no es grave
nein, es ist nicht schlimm
nain*, es ist nijt* ***SHlim***

¿podría mandar una ambulancia a...?
können Sie einen Krankenwagen zur folgenden Adresse schicken...
*kønøn zi ainøn **kran**kønvaguøn tsur **fol**guøndøn ad**re**sø SHikøn...*

quisiera un líquido limpiador para lentillas blandas
ich möchte ein Reinigungsmittel für weiche Kontaktlinsen
*ij møjtø ain **rai**nigungsmitøl fʏr vaijø kon**takt**lindsøn*

se me han roto las gafas
ich habe meine Brille zerbrochen
*ij Habø mainø **bri**lø tser**bro**jøn*

Entender

Arztpraxis	consulta médica
Not(fall)aufnahme	urgencias
Rezept	receta

vor Donnerstag ist nichts frei
hasta el jueves no puedo darle cita

passt Ihnen Freitag, um vierzehn Uhr?
el viernes a las dos, ¿le viene bien?

EN EL MÉDICO

Expresarse

tengo cita con el doctor...
ich habe einen Termin beim Doktor...
*ij Habø ainøn ter**min** baim **dok**tor...*

no me encuentro bien
ich fühle mich nicht gut
*ij **fʏ**lø mij nijt **gut***

no sé qué me pasa
ich weiß nicht, was es ist
*ij **vai**s nijt, vas es **ist***

me siento muy débil
ich fühle mich sehr schwach
*ij **fʏ**lø mij **zer** SHvaj*

empezó ayer por la noche
es hat letzte Nacht angefangen
*es Hat letstø najt **an**gue**fan**guøn*

SALUD

me ha picado/mordido...
ich bin von... gestochen/gebissen worden
ij bin von... gueSHtojøn/guebisøn vordøn

me duele
das tut weh
das tut ve

me duele aquí
ich habe Schmerzen hier
ij Habø SHmertsønHir

me duele la cabeza/el estómago/la espalda/la garganta
ich habe Schmerzen am Kopf/am Bauch/am Rücken/am Hals
ij Habø SHmertsøn am kopf/am bauj/am rYkøn/am Hals

ahora está peor
es hat sich verschlimmert
es Hat zij ferSHlimørt

hace tres días
seit drei Tagen
zait drai taguøn

es la primera vez que me pasa esto
das habe ich zum ersten Mal
das Habø ij tsum erstøn mal

tengo fiebre
ich habe Fieber
ij Habø fibør

me pica
es juckt mich
es yukt mij

soy asmático
ich habe Asthma
ij Habø asma

estoy enfermo del corazón
ich bin herzkrank
ij bin Hertskrank

llevo una semana tomando antibióticos y no estoy mejor
ich nehme seit einer Woche Antibiotika, und es geht mir nicht besser
ij nemø zait ainør vojø antibiotika, unt es guet mir nijt besør

necesito la píldora del día siguiente
ich brauche die Pille am Tag danach
ij braujø di pilø am tak danaj

estoy tomando la píldora
ich nehme die Pille
ij nemø di pilø

estoy embarazada de 5 meses
ich bin im fünften Monat schwanger
ij bin im fYnftøn monat SHvanguør

me he torcido el tobillo
ich habe mir den Knöchel verstaucht
ij Habø mir den knøjøl verSHtaujt

me ha dado un síncope
ich bin in Ohnmacht gefallen
ij bin in onmajt guefaløn

se me ha caído un empaste
ich habe eine Zahnfüllung verloren
ij Habø ainø tsanfʏlung ferloran

¿es grave?
ist es schlimm?
ist es SHlim?

me he caído de espaldas
ich bin auf den Rücken gefallen
ij bin auf den rʏkøn guefaløn

¿cuánto le debo?
wieviel schulde ich Ihnen?
vifil SHuldø ij inøn

¿cómo se encuentra?
wie geht es ihm?
vi guet es im?

¿me puede dar un recibo para que me devuelvan el importe?
kann ich eine Quittung bekommen, damit man mir den Betrag zurückerstattet?
kan ij ainø kvitung bøkomøn, damit man mir den bøtrak tsurʏkerSHtatøt?

Entender

nehmen Sie bitte im Wartezimmer Platz
por favor, pase a la sala de espera

wo tut es Ihnen weh?
¿dónde le duele?

tief durchatmen
respire hondo

tut es Ihnen weh, wenn ich hier drücke?
¿le duele cuando aprieto aquí?

sind Sie gegen... geimpft?
¿está vacunado contra…?

sind Sie allergisch auf…?
¿es alérgico a…?

werden Sie im Augenblick medikamentös behandelt?
¿sigue algún tratamiento actualmente?

wenn Sie Schmerzen haben, nehmen Sie eine Kapsel
si le duele, tome una cápsula

in ein paar Tagen dürfte es vorbei sein
lo normal es que se le pase en unos días

kommen Sie in einer Woche wieder
vuelva a verme dentro de una semana

EN LA FARMACIA

Expresarse

una caja de tiritas, por favor
ein Päckchen Pflaster, bitte
*ain pekjøn **pflas**tør, bitø*

me he resfriado
ich habe mir einen Schnupfen geholt
ij Habø mir ainøn SHnupføn gueHolt

soy alérgico a la aspirina
ich bin allergisch auf Aspirin
ij bin alerguiSH auf aspirin

necesito algo para la tos
ich bräuchte etwas gegen Husten
ij broijtø etvas gueguøn Hustøn

quisiera tomar homeopatía
ich hätte gern ein homöopathisches Präparat
ij Hetø guern ain HomøopatiSHøs preparat

Entender

auftragen	aplicar
Gegenanzeigen	contraindicaciones
Kapsel	cápsula
nur auf Rezept	con receta médica
-pulver	en polvo
Saft, Sirup	jarabe
Salbe	pomada
Tablette	tableta, comprimido
Zäpfchen	supositorios

dreimal täglich nehmen
tomar tres veces al día

PROBLEMAS Y URGENCIAS

Los agentes de policía alemanes se reconocen por sus uniformes verdes y unos coches también verdes que llevan claramente inscrita la palabra **Polizei**. Bien formados, muchos hablan como mínimo inglés y suelen ser muy amables con los turistas.

Para la oficina de objetos perdidos, hay que preguntar por el **Fundbüro**.

En caso de emergencia, marque el 110 para la policía y el 112 para los bomberos (primeros auxilios). Lleve siempre a mano un pasaporte o un documento de identidad.

Para empezar

accidente der Unfall *der* ***un****fal*
ambulancia der Krankenwagen *der* ***kran****kønvaguøn*
bomberos die Feuerwehr *di* ***fo****yørver*
discapacitado behindert *bøHindørt*
enfermo krank *krank*
herido verletzt *før****letst***
incendio der Brand *der brant*
médico der Arzt *der artst*
policía die Polizei *di poli****tsai***
roto gebrochen *gue****bro****jøn*
urgencia der Notfall *der* ***not****fal*

Expresarse

¿podría ayudarme?
könnten Sie mir helfen?
køntøn zi mir Helføn?

PROBLEMAS Y URGENCIAS

¡socorro!
Hilfe!
Hilfø!

¡cuidado!
Achtung!
ajtung!

¡es urgente!
es ist dringend!
es ist dringuønt!

¿hay alguien aquí que hable español?
spricht hier jemand spanisch?
SHprijt Hir yemant SHpaniSH?

tengo que llamar al consulado
ich muss mich mit dem Konsulat in Verbindung setzen
is mus mij mit dem konsulat in ferbindung zetsøn

¿dónde está la comisaría más próxima?
wo ist die nächste Polizeiwache?
vo ist di nekstø politsaivajø?

he sufrido una agresión
ich bin angegriffen worden
ij bin anguegrifføn vordøn

¿qué debo hacer?
was soll ich tun?
vas zol ij tun?

mi hijo/hija ha desaparecido
mein Kind ist verschwunden
main kint ist ferSHvundøn

me han robado la documentación
man hat mir meine Papiere gestohlen
man Hat mir mainø papirø gueSHtoløn

he perdido...
ich habe... verloren
ij Habø... verlorøn

la grúa se ha llevado mi coche
mein Auto ist abgeschleppt worden
main auto ist apgueSHlept vordøn

me sigue un hombre desde hace un rato
ein Mann verfolgt mich schon eine Weile
ain man ferfolgt mij SHon ainø vailø

PROBLEMAS Y URGENCIAS

han forzado la puerta de mi coche
mein Auto ist aufgebrochen worden
*main **au**to ist **auf**guebrojøn vordøn*

¿hay acceso para discapacitados?
gibt es einen Eingang für Behinderte?
*guipt es ainøn **ain**gang fyr bøHindørtø?*

¿me podría cuidar las cosas un momento?
können Sie einen Augenblick auf meine Sachen aufpassen?
*kønøn zi ainøn **au**guønblik auf mainøn **za**jøn **auf**pasøn?*

Entender

außer Betrieb averiado
Bergwacht salvamento de montaña
bissiger Hund perro peligroso
Fundbüro oficina de objetos perdidos
Notausgang salida de emergencia
Pannendienst servicio de grúa

POLICÍA

Expresarse

tengo que poner una denuncia por robo
ich möchte einen Diebstahl melden
*ij møjtø ainøn **dib**SHtal meldøn*

necesito un ejemplar de la denuncia para mi compañía de seguros
ich brauche eine amtliche Bestätigung der Polizei für meine Versicherung
*ij braujø ainøn **am**tlijø bøSH**te**tigung der poli**tsai** fyr mainø fer**zi**jørung*

Entender

Rellenar un formulario

Name	apellidos
Vorname	nombre
Anschrift	dirección
Postleitzahl	código postal
Land	país
Staatsangehörigkeit	nacionalidad
Geburtsdatum	fecha de nacimiento
Geburtsort	lugar de nacimiento
Alter	edad
Geschlecht	sexo
Aufenthaltsdauer	duración de la estancia
Zeitpunkt der Ankunft/Abfahrt	fecha de entrada/de salida
Beruf	profesión
Passnummer	número de pasaporte

wann ist das passiert?
¿cuándo ha ocurrido?

was fehlt?
¿qué le falta?

wie ist Ihre augenblickliche Adresse?
¿dónde se aloja?

können Sie ihn beschreiben?
¿puede describirlo?

können Sie bitte dieses Formular ausfüllen
¿puede rellenar este impreso, por favor?

können Sie bitte hier unterschreiben?
firme aquí, por favor

Algunas expresiones familiares

der Bulle poli
der Knast chirona

LA FECHA, LA HORA Y EL TIEMPO

Para empezar

ahora	jetzt *yetst*
a la hora de comer	zur Mittagszeit *tsur **mi**takstsait*
a menudo	oft *oft*
antes de	vor *for*
año	das Jahr *das yar*
a finales de	Ende *endø*
a mediados de	Mitte *mitø*
a principios de	Anfang *anfang*
con antelación	zu früh *tsu frY*
desde	seit *zait*
desde... hasta...	von... bis... *von... bis...*
después de	nach *naj*
de vez en cuando	von Zeit zu Zeit *von tsait tsu **tsait***
día	der Tag *der tak*
durante	während *verønt*
en este momento	im Augenblick *im auguønblik*
enseguida	sofort *zofort*
entre... y...	zwischen... und... *tsviSHøn... unt...*
fin de semana	das Wochenende *das vojøn-endø*
hace poco	neulich *noilij*
hasta	bis *bis*
mañana	der Morgen *der morguøn*
mediodía	der Mittag *der mitak*
mucho tiempo	lange *languø*
noche *(hora de dormir)*	die Nacht *di najt*
noche *(atardecer)*	der Abend *der abønt*
nunca	nie *ni*
pocas veces	selten *zeltøn*
por la noche	im Lauf des Abends *im lauf des abønts*
pronto	bald *balt*
próximo	nächste *nekstø*

semana	die Woche *di* ***vo****jø*
siempre	immer ***i****mør*
tarde *(adv)*	spät *SHpet*
temprano	früh *frY*
todavía	noch *noj*
todavía no	noch nicht *noj* ***nijt***
último	letzte ***let****stø*
ya	schon *SHon*

Expresarse

¡hasta luego!
bis gleich!
bis ***glaij***

¡hasta el lunes!
bis Montag!
bis ***mon****tak*

lo siento, llego tarde
Entschuldigung, ich habe mich verspätet
*ent****SHul****digung, ij Habø mij ver****SHpe****tøt*

hemos llegado demasiado tarde
wir sind zu spät gekommen
vir zint tsu ***SHpet*** *gue****ko****møn*

todavía no he estado allí
ich war noch nicht dort
ij var noj nijt ***dort***

no he tenido tiempo de...
ich hatte keine Zeit zu...
ij Hatø kainø ***tsait*** *tsu...*

no tengo ninguna prisa
ich habe es nicht eilig
ij Habø es nijt ***ai****lij*

tengo prisa
ich habe es eilig
ij Habø es ***ai****lij*

desen prisa
beeilen Sie sich
*bø****ai****løn zi zij*

un momento, por favor
einen Augenblick, bitte
ainøn ***au****guønblik, bitø*

me acosté tarde
ich bin spät ins Bett gegangen
ij bin ***SHpet*** *ins bet gue****gan****guøn*

me he levantado muy temprano
ich bin sehr früh aufgestanden
ij bin ***zer*** *frY* ***auf****gue****SHtan****døn*

he esperado mucho tiempo
ich habe lange gewartet
ij Habø ***lan****guø gue****var****tøt*

no nos quedan más que cuatro días
wir haben nur noch vier Tage
vir ***Ha****bøn nur noj* ***fir ta****guø*

tengo que levantarme muy temprano mañana para coger el avión
ich muss morgen sehr früh aufstehen, um das Flugzeug zu nehmen
*ij mus **mor**guøn **zer** frY **auf**SHteHøn, um das **fluk**tsoik tsu **ne**møn*

LA FECHA

Cómo se dice la fecha

Como en inglés, se utiliza el numeral ordinal para expresar la fecha («el segundo de enero»). Para escribir los números ordinales, se escribe el número seguido de un simple punto. Por ejemplo, el 2 de enero de 2004 se escribe am **2. Januar 2004.**
Fíjese en cómo se escriben el mes y el año en las siguientes expresiones:

en noviembre	im November
nací en 1963	ich bin 1963 geboren o ich bin im Jahre 1963 geboren
de 2004 a 2005	von 2004 bis 2005
entre 2001 y 2004	zwischen 2001 und 2004
en el siglo I aC/dC	im 1. Jahrhundert vor Christi Geburt (v. Chr.)/nach Christi Geburt (n. Chr.)

Para empezar

anteayer	vorgestern ***vor**guøstørn*
ayer	gestern ***gues**tørn*
ayer por la mañana/ tarde/noche	gestern morgen/mittag/abend ***gues**tørn **mor**guøn/**mi**tak/**a**bønt*
dentro de dos días	in zwei Tagen *in tsvai **ta**guøn*
hace...	vor... *vor...*
hoy	heute ***Hoi**tø*
mañana	morgen ***mor**guøn*

mañana por la mañana morgen Früh *morguøn frY*
pasado mañana übermorgen *Ybørmorguøn*

Expresarse

ya estuve aquí hace unos años
ich bin vor einigen Jahren schon einmal hier gewesen
*ij bin vor **ai**niguøn **ya**røn SHon **ain**mal Hir gue**ve**zøn*

pasé un mes en Alemania hace unos años
vor einigen Jahren habe ich einen Monat in Deutschland verbracht
*for **ai**niguøn **ya**røn Habø ij ainøn **mo**nat in **doit**SHlant ver**brajt***

había venido el año pasado por estas fechas
letztes Jahr war ich um die gleiche Zeit hier
*letstøs yar var ij um di **glai**jø **tsait** Hir*

¿a qué día estamos hoy?
was ist heute für ein Tag?
*vas ist **Hoi**tø fYr ain tak?*

¿qué fecha es hoy?
welches Datum haben wir heute?
***vel**jøs **dat**um Habøn vir Hoitø?*

es martes uno de mayo
wir haben Dienstag, den ersten Mai
*vir Habøn **din**stak, den **ers**tøn mai*

me quedo hasta el domingo
ich bleibe bis Sonntag
*ij blaibø bis **zon**tak*

nos vamos mañana
wir reisen morgen ab
*vir raizøn **mor**guøn **ap***

el martes lo tengo ocupado
ich habe Dienstag schon etwas vor
*ij Habø **din**stak SHon etvas **vor***

Entender

drei Mal täglich/stündlich tres veces al día/por hora
ein Mal una vez
jeden Tag/Montag todos los días/lunes
sonntagmorgens geöffnet abierto los domingos por la mañana

das wurde Mitte des neunzehnten Jahrhunderts erbaut
se construyó a mediados del siglo XIX

das erscheint alle zwei Wochen
sale cada dos semanas

es gibt im Sommer viele Festivals
hay muchos festivales en verano

wann reisen Sie ab?
¿cuándo se marcha?

bis wann bleiben Sie?
¿hasta cuándo se queda?

LA HORA

Cómo se dice la hora

Para escribir la hora, se hace como en español, poniendo un punto entre las horas y los minutos: 17.30.
Para distinguir la mañana de la tarde, los alemanes prefieren el sistema de 0 a 24 horas. Pero también se puede decir **morgens** (de la mañana) o **nachmittags** (de la tarde): **05.00 = fünf Uhr morgens 17.00 = fünf Uhr nachmittags**

Para empezar

a la hora, puntual pünktlich ***pYn**ktlij*
de la mañana morgens ***mor**guøns*
de la tarde nachmittags ***naj**mitaks*
las doce (de la noche) Mitternacht ***mi**tørnajt*, zwölf Uhr nachts *tsvølf ur **najts***
las doce (del mediodía) Mittag ***mi**tak*, zwölf Uhr mittags *tsvølf ur **mi**taks*
llegar antes de tiempo vorzeitig da sein ***vor**tsaitij da zain*
llegar tarde verspätet sein *ver**SHpe**tøt zain*
media hora eine halbe Stunde *ainø **Halp**SHtundø*
tres cuartos de hora eine Dreiviertelstunde *ainø draifirtølSH**tun**dø*
un cuarto de hora eine Viertelstunde *ainø firtølSH**tun**dø*
veinte minutos zwanzig Minuten ***tsvan**tsij mi**nu**tøn*

LA FECHA, LA HORA...

Expresarse

¿qué hora es?
wie viel Uhr ist es?
*vifil **ur** ist es?*

son las...
es ist…
es ist…

perdone, ¿tiene hora, por favor?
Entschuldigung, können Sie mir bitte die Uhrzeit sagen?
*ent**sHul**digung, **kø**nøn zi mir bitø di **ur**tsait zaguøn?*

las tres en punto
punkt drei Uhr
***punk**t drai ur*

casi las tres
kurz vor dreizehn Uhr
***kurts** vor draitsen ur*

la una y diez
zehn nach eins
tsen naj ains

la una y cuarto
Viertel nach eins
***fir**tøl naj ains*

la una menos cuarto
Viertel vor eins
***fir**tøl vor ains*

las doce menos veinte
zwanzig vor zwölf
***tsvan**tsij vor tsvølf*

las doce y veinte
zwanzig nach zwölf
***tsvan**tsij naj tsvølf*

la una y media
halb zwei
Halp tsvai

he llegado sobre las dos
ich bin gegen zwei Uhr angekommen
*ij bin gueguøn tsvai ur **an**gue**ko**møn*

me acosté sobre las dos
ich bin gegen zwei Uhr ins Bett gegangen
*ij bin gueguøn tsvai ur ins **bet** gue**gan**guøn*

he puesto el despertador a las nueve
ich habe den Wecker auf neun Uhr gestellt
*ij Habø den **ve**kør auf noin ur gue**sHtelt***

he estado veinte minutos esperando
ich habe zwanzig Minuten gewartet
*ij Habø tsvantsij mi**nu**tøn gue**var**tøt*

el tren ha llegado con quince minutos de retraso
der Zug hatte eine Viertelstunde Verspätung
*der **tsuk** Hatø ainø **fir**tølSHtundø verSH**pet**ung*

he vuelto hace una hora
ich bin vor einer Stunde zurückgekommen
*ij bin vor ainør SHtundø tsurYkgue**ko**møn*

¿nos vemos dentro de media hora?
treffen wir uns in einer halben Stunde?
***tre**føn vir uns in ainør **Hal**bøn **SHtun**dø?*

estaré de vuelta de aquí a un cuarto de hora
ich bin in einer Viertelstunde wieder da
*ij bin in ainør **fir**tøl SHtundø **vi**dør da*

hay tres horas de diferencia horaria entre... y...
es gibt eine dreistündige Zeitverschiebung zwischen... und...
*es guipt ainø **drai**SHtYndiguø **tsait**verSHibung tsviSHøn... unt...*

Entender

ein Zug/Bus stündlich salidas cada hora

der Schalter ist von zehn Uhr bis sechzehn Uhr durchgehend geöffnet
taquilla abierta de 10.00 a 16.00 ininterrumpidamente

das findet jeden Tag um neunzehn Uhr statt
hay función todos los días a las siete

das dauert ungefähr eineinhalb Stunden
dura una hora y media aproximadamente

es ist ab zehn Uhr geöffnet
abre a partir de las diez

es macht um zwei Uhr wieder auf
por la tarde abre a las dos

LOS NÚMEROS

0	null *nul*
1	eins *ains*
2	zwei *tsvai*
3	drei *drai*
4	vier *fir*
5	fünf *fʏnf*
6	sechs *zeks*
7	sieben *zibøn*
8	acht *ajt*
9	neun *noin*
10	zehn *tsen*
11	elf *elf*
12	zwölf *tsvølf*
13	dreizehn *draitsen*
14	vierzehn *firtsen*
15	fünfzehn *fʏnftsen*
16	sechzehn *zejtsen*
17	siebzehn *zibtsen*
18	achtzehn *ajtsen*
19	neunzehn *nointsen*
20	zwanzig *tsvantsij*
21	einundzwanzig *ain-unt-tvantsij*
22	zweiundzwanzig *tsvai-unt-tvantsij*
30	dreißig *draisij*
35	fünfunddreißig *fʏnf-unt-draisij*
40	vierzig *firtsij*
50	fünfzig *fʏnftsij*
60	sechzig *sejtsij*
70	siebzig *zibtsij*
80	achtzig *ajtsij*
90	neunzig *nointsij*
100	hundert *hundørt*
101	einhunderteins *ainhundørtains*

200	zweihundert ***tsvai**hundørt*
500	fünfhundert ***fynf**hundørt*
1 000	tausend ***teu**zønt*
2 000	zweitausend ***tsvai**teuzønt*
10 000	zehntausend ***tsen**teuzønt*
1 000 000	eine Million *ainø mili**on***

primero	erste ***ers**tø*
segundo	zweite ***tsvai**tø*
tercero	dritte ***dri**tø*
cuarto	vierte ***fir**tø*
quinto	fünfte ***fynf**tø*
sexto	sechste ***seks**tø*
séptimo	siebte ***zib**tø*
octavo	achte ***aj**tø*
noveno	neunte ***noin**tø*
décimo	zehnte ***tsen**tø*
veinteavo	zwanzigste ***tsvan**tsigstø*
veintiunavo	einundzwanzigste ***ain**-unt-**tsvan**tsigstø*

20 más 3 es igual a 23
20 plus 3 ist gleich 23
***tsvan**tsij plus **drai** ist glaij **drai**-unt-**tsvan**tsij*

20 menos 3 es igual a 17
20 minus 3 ist gleich 17
***tsvan**tsij minus **drai** ist glaij **zib**tsen*

20 por 4 es igual a 80
20 mal 4 ist gleich 80
***tsvan**tsij mal **fir** ist glaij **arj**tsij*

20 entre 4 es igual a 5
20 geteilt durch 4 ist gleich 5
tsvan**tsij gue**tailt** durj **fir** ist glaij **fynf

DICCIONARIO

ESPAÑOL-ALEMÁN

A

a in; **a 2 kilómetros** in 2 Kilometern; **voy a París/a la estación** ich gehe nach Paris/zum Bahnhof; **a las 3** um 3 Uhr
abadía die Abtei
abajo unten
abarrotado überfüllt
abeja die Biene
abierto *(lugar, persona)* geöffnet **85**
abono das Multiticket
abrebotellas der Flaschenöffner
abrelatas der Dosenöffner
abrigo der Mantel
abril der April
abrir öffnen
absoluto: en absoluto überhaupt nicht
abuela die Großmutter
abuelo der Großvater
abuelos die Grobßeltern
aburrido langweilig
aburrirse sich lanweilen **20**
acabar enden; **¡y se acabó!** und damit basta!
acantilado die Klippe
acaso: por si acaso für alle Fälle
acceso der Zugang, der Eingang **113**
accidente der Unfall **31**
aceite *(alimentación)* das Öl; *(para bicicleta)* das Kettenöl; *(para coche)* das Motoröl
aceitunas die Oliven
acelerador das Gaspedal
acento der Akzent
aceptar annehmen
acogedor freundlich
acompañar begleiten; *(en coche)* mitnehmen; *(a alguien)* führen **14**
aconsejar beraten
acordarse (de) sich erinnern (an)
acostarse ins Bett gehen; **acostarse con** schlafen mit
acostumbrado gewöhnt; **estar acostumbrado (a)** daran gewöhnt sein (, zu)
acuerdo die Übereinkunft; **de acuerdo** einverstanden; **estoy de acuerdo** ich bin einverstanden **20**
acuse de recibo die Empfangsbestätigung
adaptador der Adapter
adelantado: por adelantado im Voraus
además übrigens
adiós auf Wiedersehen
admitir annehmen **37**, **86**
adolescente der Jugendliche
adónde wo; **¿adónde vas?** wohin gehst du?
aduana der Zoll
adulto der Erwachsene
aeropuerto der Flughafen
afeitarse sich rasieren
aftersun die Aftersunlotion
afueras die Vorstadt
agencia de viajes das Reisebüro
agosto der August
agotado erschöpft
agradable angenehm
agresión der Angriff **112**
agua das Wasser; **agua sin gas** das Leitungswasser **49**
aguacate die Avocado

aguantar ertragen; **no aguanto...** ich kann nicht... ertragen
aguja die Nadel
agujero das Loch
ahí da
ahogarse ertrinken
ahora jetzt
aire die Luft; **aire acondicionado** Klimaanlage; **al aire libre** Freiluft-
ajedrez das Schachspiel
ajo der Knoblauch
albaricoque die Aprikose
albergue juvenil die Jugendherberge **41**
alcohol der Alkohol; **alcohol de 90°** der neunzigprozentige Alkohol
alemán, alemana *(adj)* deutsch
alemán, alemana *(n)* der/die Deutsche
Alemania Deutschland
alérgico allergisch **109**, **110**
alfabeto das Alphabet
alfombra der Teppich
algo etwas **66**, **68**, **70**, **90**, **110**
algodón *(de botiquín)* die Watte; *(textil)* die Baumwolle
alguien jemand
algún, alguna *(pron)* jemand, etwas
algún, alguna *(adj)* manche(r), (irgend)eine(r); **en alguna parte** irgendwo
algunos(as) einige, manche
allí da, dort
almacén das Lager; **grandes almacenes** das Kaufhaus
almendra die Mandel
almohada das Kissen
almorzar zu Mittag essen
almuerzo das Mittagessen
alojar unterbringen
alquilar *(para sí)* mieten **78**, **80**; *(dejar en alquiler)* vermieten
alquiler *(acción, de coche)* die Vermietung **32**; *(de casa)* die Miete
alrededores die Umgegend, die Umgebung
alto hoch
amable liebenswürdig
amanecer der Sonnenaufgang
amargo bitter
amarillo gelb
ambiente die Stimmung **20**
ambulancia der Krankenwagen **107**
americano(a) *(adj)* amerikanisch
americano(a) *(n)* der Amerikaner, die Amerikanerin
amigo, amiga der Freund, die Freundin **17**
amor die Liebe
ampolla die Blase
ancho breit
andando zu Fuß **15**
andar gehen
andén der Bahnsteig **29**
anestesia die Betäubung
angina die Angina
anillo der Ring
animal das Tier
¡ánimo! viel Erfolg!
aniversario der Geburtstag
aniversario de boda der Hochzeitstag
anoche gestern abend
anteayer vorgestern
antelación: con antelación im Voraus
antes (de) vor, bevor; **antes de la hora** zu früh, vorzeitig
antibiótico das Antibiotikum **108**
anticonceptivo das Verhütungsmittel
antiguo *(viejo)* alt; *(de época clásica)* antik
Antigüedad die Antiquität
año das Jahr; **¿cuántos años tienes ?** wie alt bist du? **16**; **tengo 22 años** ich bin zweiundzwanzig **16**; **el año pasado** letztes Jahr **118**; **¡feliz año!** frohes Neues Jahr!
apagar *(cigarro)* ausmachen; *(aparato)* ausschalten
aparato der Apparat
aparcar parken
apartamento die Wohnung
apellido der Nachname
apenas kaum

apendicitis die Blinddarmentzündung
aperitivo der Aperitif
apetecer begehren; **¿qué te apetece?** worauf hast du Lust?
apodo der Spitzname
aprender lernen **11**
apretar drücken
aprovechar genießen
aproximadamente ungefähr
apuntar schreiben
apuntarse sich anmelden
aquel, aquella dieser, diese, dieses *(ver gramática)*
aquél, aquélla dieser da, diese da, dieses da
aquellos(as) diese *(ver gramática)*
aquéllos(as) diese da
aquí hier **84**
araña die Spinne
árbol der Baum
arena der Sand
arreglar reparieren; **llevar a arreglar** reparieren lassen
arreglárselas sich durchschlagen
arriba oben; **ahí arriba** da oben
arroz der Reis
arte die Kunst
artesanal handwerklich
asado gebraten
asar braten
asarse vor Hitze umkommen
ascensor der Aufzug
aseos die Toiletten
asequible erschwinglich
asiento der Sitz
así que also
asma das Asthma **108**
aspirina das Aspirin
asqueroso furchtbar
atajo die Abkürzung
atascado *(que no pasa)* blockiert; *(circulación)* stockend
atasco der Stau
Atlántico: el océano Atlántico der Atlantik
atreverse (a) wagen zu
atropellado: ser atropellado überfahren werden
atún der Thunfisch
audífono der Hörapparat
aun sogar, selbst
aún noch
aunque selbst wenn
auténtico echt
autobús der Reisebus
autocar der Bus
autoestop der Autostopp; **hacer autoestop** per Anhalter reisen **33**
autopista die Autobahn
autora die Autorin
autor der Autor
autovía die Autobahn
avellana die Haselnuss
avenida die breite Straße
avería die Panne; **tener una avería** eine Panne haben **31**
aves das Geflügel
avión das Flugzeug; **por avión** *(correo)* per Luftpost
avisar benachrichtigen
avispa die Wespe
ayer gestern; **ayer por la noche** gestern abend
ayuda die Hilfe
ayudar helfen *(+ dat)* **89 98 111**
ayuntamiento das Rathaus
azar: al azar auf gut Glück
azúcar der Zucker
azul blau

bailar tanzen
baile der Tanz
bajar aussteigen **29**
bajo *(adj) (persona)* klein
bajo *(prep)* unter
balcón der Balkon
balón der Ball
baloncesto der Basketball

balonmano der Handball
banco die Bank **93**
bandera die Fahne
bañador *(de hombre)* die Badehose; *(de mujer)* der Badeanzug
bañarse baden
baño *(acción)* das Bad; *(cuarto)* das Badezimmer
bar die Kneipe, die Bar
barato billig
barba der Bart
barbacoa *(aparato)* der Grill; *(fiesta)* das Grillfest
barbilla das Kinn
barco das Schiff
barra de pan das Baguett
barrio das Viertel
barro der Schlamm
basílica die Basilika
bastante *(adj)* genug; *(adv)* ziemlich; **bastante bien** ziemlich viel; **bastante(s)** genügend
bastar ausreichen; **basta** das reicht; **basta con...** man muss nur...
bastón de esquí der Skistock
bastoncillo de algodón das Wattestäbchen
basura der Abfall
batería die Batterie **31**
bebé das Baby
beber trinken **71**
bebida das Getränk
belga *(adj)* belgisch
belga *(n)* der Belgier, die Belgierin
Bélgica Belgien
berenjena die Aubergine
beso der Begrüßungskuss; **dar un beso a alguien** jemanden einen Begrüßungskuss geben
biberón das Fläschchen
bici das Fahrrad
bicicleta das Fahrrad
bicicleta de montaña das Mountainbike
bien gut
¡bienvenido! willkommen!
bigote der Schnurrbart
billete *(de transporte)* der Fahrschein **24**; *(de banco)* der Geldschein
billete de ida y vuelta *(coche, tren)* die Hin-und Rückfahrt; *(avión)* die Hin-und Rückflug
biológico *(producto)* Bio-
blanco weiß
bloqueado *(mecanismo)* blockiert **98**
boca der Mund
bocadillo das belegte Brot
boda die Hochzeit
bodega die Weinkeller
bogavante der Hummer
bola die Kugel, der Ball
bolígrafo der Stift
bolsa die Tasche
bolsa de basura der Müllsack
bolsa de plástico die Plastiktüte **85**
bolsillo die Tasche
bolso Handtasche
bolso de mano das Handgepäck **26**
bomba *(de aire)* die Luftpumpe
bomberos die Feuerwehr
bombilla die Glühbirne
bombona de gas die Gasflasche
bonito *(adj)* hübsch
bonito *(n)* der Thunfisch
borracho betrunken
borroso unscharf
bosque der Wald
bota die Stiefel
bota de esquiar die Skischuhe
botella die Flasche **49**
botón *(de ropa)* der Knopf; *(de un aparato)* die Taste
boya der Schwimmring
bragas die (Damen-)Unterhose
¡bravo! bravo!
brazo der Arm
brécol die Brokkoli
broma der Witz
bronca die Schlägerei; **echar una bronca a** anschnauzen

bronquitis die Bronchitis
bucear tauchen **81**
buceo das Tauchen
bueno gut
bufanda der Schal
bujía die Zündkerze
bus der Bus
buscar suchen **13**, **40**, **88**, **93**; **ir a buscar a alguien** jemanden abholen; **ir a buscar algo** etwas holen
buzón der Briefkasten **95**

C

caballeros die Herrentoiletten
caballo das Pferd
cabeza der Kopf
cabina telefónica die Telefonzelle
cabra die Ziege
cacahuetes die Erdnüsse
cacerola der Kochtopf
cada jeder, jede, jedes; **cada vez** jedes Mal; **cada día** jeden Tag
cadena die Kette; *(hifi)* die Stereoanlage; *(de bici)* die Fahrradkette
cadera die Hüfte
caducado abgelaufen
caer fallen
café *(bebida)* der Kaffee; *(lugar)* das Café
café con leche der Milchkaffee
café solo der Espresso
caja *(objeto)* die Kiste; *(donde pagar)* die Kasse
caja de cambio das Getriebe
cajero (automático) der Geldautomat **93**, **94**
calabacín die Zucchini
calcetines die Socken
calefacción die Heizung
calidad die Qualität
caliente heiß
calle die Straße
calle peatonal die Fußgängerzone
calor die Hitze; **hace calor** es ist heiß
calzoncillos die Boxershort
cama das Bett; **cama individual/ de matrimonio** das Einzelbett/das Doppelbett
cámara die Videokamera
cámara (de fotos) der Fotoapparat **92**
cámara de aire der Schlauch
camarera die Kellnerin
camarero der Kellner
cambiar *(en general)* ändern; *(divisas)* wechseln; *(dar dinero suelto)* in Kleingeld wechseln **86**, **100**
cambiarse sich umziehen
cambio *(modificación)* die Änderung; *(dinero)* die Währung; **devolver el cambio** herausgeben **86**
camino der Weg **80**
camión der Lastwagen
camisa das Hemd
camiseta das T-shirt
camisón das Nachthemd
camping *(actividad)* das Camping; *(terreno)* der Campingplatz **43**; **ir de camping** campen
camping gas das Campinggas
campo *(en oposición a ciudad)* das Land; *(deportivo)* das Platz
cancelar streichen
canción das Lied
cangrejo der Krebs
canguro *(animal)* das Känguru; *(de niños)* der Babysitter
cansado *(estado)* müde; *(tarea)* ermüdend
cantar singen
cantimplora die Feldflasche
caña das Fassbier
capaz tüchtig
capilla die Kapelle
cápsula die Kapsel
caramelo das Karamell
caravana *(vehículo)* der Wohnwagen, das Wohnmobil; *(atasco)* der Stau
cardenal der blaue Fleck
cargar *(batería)* aufladen **101** **104**

caries die Karies
carne das Fleisch
carne picada das Hackfleisch
carné de conducir der Führerschein
carnicería die Metzgerei
caro teuer
carrete der Film **91**
carretera die Straße
carrito der Einkaufswagen
carta *(de restaurant)* die Speisekarte; *(correspondencia)* der Brief, das Schreiben
cartel das Plakat; *(indicador)* das Schild
cartera die Brieftasche
cartero der Briefträger
casa das Haus; **en casa** zu Hause; **en casa de** bei
casado verheiratet
casco der Helm
casco viejo die Altstadt
casero häuslich *adj*
casete die Kassette
casi fast
caso der Fall; **en caso de...** im Fall von... **109**
castaña die Esskastanie
castillo das Schloß
casualidad: por casualidad zufällig
catarro der Schnupfen
catedral die Kathedrale
católico katholisch
causa: a causa de wegen *(+ gen)*
cazadora die Jacke
CD die CD
cebolla die Zwiebel
celo® das Klebeband
cementerio der Friedhof
cena das Abendessen
cenar zu Abend essen
cenicero der Aschenbecher
centímetro der Zentimeter
centro das Zentrum **39**, **41**
centro ciudad das Stadtzentrum
centro comercial das Einkaufszentrum
centro urbano das Stadtzentrum
cepillo die Bürste
cepillo de dientes die Zahnbürste
cerca nah
cercano nah
cerdo das Schwein
cereales die Getreideflocken
cereza die Kirsche
cerilla das Streichholz
cero null
cerrado geschlossen
cerradura das Schloss
cerrar schließen **96**
cerrojo der Riegel
certificado der Einschreiben
cerveza das Bier
champán der Champagner
champiñón der Pilz
champú das Shampoo
chanclas die Strandschuhe
chándal der Trainingsanzug
chaqueta die Jacke
charcutería *(tienda)* die Metzgerei; *(productos)* die Wurstwaren
cheque der Scheck
cheque de viaje der Travellerscheck, der Reisescheck
chica das Mädchen
chichón die Beule
chicle der Kaugummi
chico der Junge
chimenea der Kamin
chino chinesisch
chiste der Witz
chocolate *(en general)* die Schokolade; *(a la taza)* die heiße Schokolade
chocolate negro die Bitterschokolade
choque der Schock
chubasquero das Regencape
chuleta das Kotelett
cibercafé das Internetcafé **97**
ciclomotor das Mofa
ciego blind
cielo der Himmel
cierre der Schluss
cierto: por cierto,... übrigens,...

cigarrillo die Zigarette
cine der Film; *(lugar)* das Kino
cinta der Streifen
cintura die Taille
cinturón der Gürtel
cinturón de seguridad der Sicherheitsgurt
circo der Zirkus
circulación *(de coches)* der Verkehr; *(de sangre)* der Blutkreislauf
ciruela die Pflaume
cisterna die Wasserspülung
cita die Verabredung; **pedir cita** einen Termin ausmachen **106**; **tener cita** verabredet sein (mit) **107**
ciudad die Stadt
claro hell
clase *(en general)* die Klasse; *(lección)* der Unterricht **78**, **81**; **primera/segunda clase** erste/zweite Klasse
clase business die Businessclass
clásico klassisch
clima das Klima
climatización die Klimaanlage **39**
club der club
cobertura *(de móvil)* der Empfang **104**
cobre das Kupfer
cobro revertido: llamar a cobro revertido ein R-Gespräch führen **100**
Coca-Cola® die Coca-cola®
cocer kochen
coche das Auto; **en coche** mit dem Auto
cochecito der Kinderwagen
cocido *(n)* der Eintopf
cocido *(adj)* gekocht
cocina die Küche
cocinar kochen
código postal die Postleitzahl
coger nehmen
col der Kohl
cola *(de animal)* der Schwanz; *(fila)* die Schlange; **hacer cola** sich anstellen
colada das Waschpulver; **hacer la colada** waschen
colchón die Matratze
colchón neumático die Luftmatratze
colchoneta die Matte
colegio die Schule
colesterol das Cholesterin
colgar: no cuelgue bleiben Sie dran
coliflor der Blumenkohl
colina der Hügel
collar das Halsband
colonia de verano das Ferienlager
color die Farbe
comer *(en general)* essen **46**; *(al mediodía)* zu Mittag essen
comida *(alimento)* die Nahrung; *(en general)* die Mahlzeit; *(al mediodía)* das Mittagessen
comisaría die Polizeiwache **112**
como *(igual)* wie; *(parecido)* da
cómo wie **9**, **11**, **15**
cómodo bequem
compañía aérea die Luftfahrtgesellschaft
compartimiento das Abteil
compartir teilen **49**
completamente völlig
completo *(lleno)* voll **40**; *(entero)* ganz
complicado kompliziert
compra die Einkäuf; **hacer la compra** einkaufen gehen **36**
comprar kaufen **84**, **87**, **96**, **100**
compras die Einkäufe; **ir de compras** einkaufen gehen **36**
compresa die Binde
comprimido die Tablette
comprobar nachprüfen
con mit
concierto das Konzert **68**, **69**
condón das Kondom
conducir *(un coche)* fahren; *(guiar)* führen
conejo das Kaninchen
conexión *(cambio)* der Anschluss **27**
conferencia die Konferenz

confianza das Vertrauen
confiar (en) sich verlassen
confirmar bestätigen **26**
congelador der Tiefkühlschrank
conmigo mit mir
conocer *(en general)* kennen; *(verse por primera vez)* treffen
conocerse *(verse por primera vez)* sich treffen
conocido *(adj)* bekannt
conocido *(n)* der Bekannter
conocimientos das Wissen
conseguir erlangen
consejo der Rat; **pedir consejo a alguien** jemanden um Rat fragen
conservar konservieren
consigna die Gepäckaufgabe
consonante die Konsonant
construir erbauen
consulado das Konsulat **112**
consulta (médica) das Sprechzimmer
consumición das Getränke
consumir verzehren
contacto der Kontakt; **ponerse en contacto (con)** kontaktieren; **seguir en contacto** in Verbindung bleiben **18**
contado: pagar al contado gleich bezahlen
contador eléctrico der Stromzähler
contagioso ansteckend
contaminación die (Umwelt)-verschmutzung
contar *(historia)* erzählen; *(números)* zählen; **contar con** zählen auf *(+ ac)*
contemporáneo zeitgenössisch
contento zufrieden
contestador der Anrufbeantworter
contestar antworten
contigo mit dir
contra gegen
contrario das Gegenteil; **al contrario** im Gegenteil
contrato der Vertrag
copa das Glas; **tomar una copa** einen trinken **46**, **66**
copia die Kopie
corazón das Herz
corbata die Krawatte
cordero das Lamm
cordones die Schnürsenkel
correcto korrekt
correo die Post **96**
correo electrónico die E-Mail
correos die Post **95**, **66**
correspondencia die Korrespondenz
corriente: estar al corriente (de) Bescheid wissen (über)
cortado der Kaffee mit einem Schuss Milch
cortar schneiden
cortarse sich schneiden
cortaúñas der Nagelknipser
corto kurz
cosa die Sache, das Ding
costa die Küste; **en la costa** am Meer
costar kosten; **¿cuánto cuesta?** wie viel kostet das?; **cueste lo que cueste** um jeden Preis
costilla die Rippe
costumbre die Gewohnheit
crecer wachsen
creer glauben; **creo que…** ich glaube, dass…
crema die Creme
crema depilatoria die Enthaarungs-creme
crema hidratante die Feuchtig-keitscreme
crema solar die Sonnencreme
cremallera der Reißverschluss
criarse aufwachsen
crisis die Krise
crisis cardiaca der Herzinfarkt
cristal *(material)* das Glas; *(de ventana)* die Scheibe
criticar kritisieren
crucero die Kreuzfahrt
crudo roh
crustáceos das Krebstiere
cruz das Kreuz

cruzar *(calle)* überqueren
cuaderno das Heft
cuadro *(de pintura)* das Gemälde
cuál welcher, welche, welches
cualquier(a) *(adj)* irgendein; **cualquier cosa** irgendwas
cualquier(a) *(pron)* irgendein; **¡así cualquiera!** so ist das kein Kunststük
cuando wenn, als
cuándo wann?
cuanto: en cuanto sobald
cuánto(a) wie viel (e)? **52**; **¿cuánto cuesta?** eie teuer?; **¿cuánto tiempo?** wie lange? **25**; **¡cuánto me alegro!** wie ich mich freue!
cuarto *(partes)* das Viertel; *(habitación)* das zimmer; **un cuarto de hora** eine Viertelstunde
cuarto de baño das Badezimmer
cubierto *(adj)* bedeckt
cubierto *(n)* das Besteck
cubito der Eiswürfel
cubo de basura der Mülleimer **42**
cucaracha die Küchenschabe
cuchara der Löffel
cuchara (sopera) der Suppenlöffel
cucharilla (de café) der Kaffeelöffel
cuchilla de afeitar die Rasierklinge
cuchillo das Messer
cuello der Hals
cuenta die Rechnung **52**
cuenta bancaria das Bankkonto
cuero das Leder
cuerpo der Körper
cuidado: ¡cuidado! Achtung!; **tener cuidado** aufpassen
culo der Po
cumpleaños der Geburtstag; **¡feliz cumpleaños!** alle Gute zum Geburtstag!
cura der Pfarrer
curarse gesund werden
curro der Job
cursillo der Kurs
curso der Kurs(us)

dado der Würfel
danzar tanzen
dar geben
datar (de) aus... stammen
de von
debajo darunter; **debajo de** unter, unterhalb (von)
deber müssen **112**; **debería...** sie sollten **21**; **¿cuánto le debo?** wie viel schulde ich ihnen? **85**
débil schwach **107**
decepcionado enttäuscht
decepcionante enttäuschend
decidir entscheiden
decir sagen; **¿cómo se dice...?** wie sagt man...?; **querer decir** meinen
dedo der Finger
defenderse *(hablando un idioma)* sich durchschlagen
dejar *(permitir)* lassen **41**; *(a alguien)* verlassen; **dejar en paz** in Ruhe lassen; **dejar de** aufhören
delante vor
delantero vorder; **rueda delantera** das Vorderrad
deletrear buchstabieren
delgado dünn
delicioso köstlich
demás: los demás die anderen
demasiado zu
dentista der Zahnarzt
dentro drinnen, innen **70**; **dentro de una hora** in einer Stunde **120**
denuncia die Anzeige
depender: depende... es hängt von... ab
depilar enthaaren
deporte der Sport
deportista *(adj)* sportlich
depósito die Kaution
deprimido deprimiert
deprisa schnell

derecha rechts; **a la derecha (de)** rechts (von)
derecho *(n)* das Recht; **tener derecho a…** das Recht haben zu…
derecho *(adj)* gerade
desafortunadamente unglücklicherweise
desagradable unangenehm
desaparecer verschwinden **112**
desayunar frühstücken
desayuno das Frühstück
descafeinado der koffeinfreie Kaffee
descansar sich ausruhen
desconocido unbekannt
descubierta *(piscina)* Freiluft- **81**
describir beschreiben
descubrir entdecken
descuento der Preisnachlass **85**
desde seit; **desde… a…** von… bis…; **desde que** seit; **¿desde cuando?** seit wann?
deseo der Wunsch
deshinchado platt
desierto die Wüste
desinfectar desinfizieren
desmayarse ohnmächtig werden
desnudo nackt
desodorante das Deo
despacio langsam
despedirse Abschied nehmen
despegar *(el avión)* abheben
despertador der Wecker
despertar wecken; **despertarse** aufwachen
después nachher; **después de** nach
destinatario der Empfänger
detergente das Waschpulver
detrás hinten; **detrás de** hinter
devolver *(en general)* zurückgeben; *(dinero)* zurückerstatten
día der Tag; **buenos días** *(para saludar) (por la mañana)* guten Morgen; *(después del mediodía)* guten Tag; *(al teléfono)* hallo **101**; **hoy en día** heutzutage
diabetes der Diabetis
dialecto die Mundart
diapositiva das Dia(positiv)
diarrea: tener diarrea Durchfall haben
dibujo die Zeichnung
diccionario das Wörterbuch
diciembre der Dezember
diente der Zahn
diesel der Diesel(kraftstoff)
dieta die Diät; **estar a dieta** Diät halten
diferencia horaria die Zeitverschiebung
diferente anders
difícil schwierig
¿dígame? hallo
dinero das Geld **85**; **sacar dinero** Geld abheben **93**
Dios Gott
dirección *(de una empresa)* die Leitung; *(de una calle, de las agujas…)* die Richtung; *(señas)* die Adresse
dirección asistida die Servolenkung
dirección de e-mail die E-Mail-Adresse **98**
directo direkt
disco die Platte
disco duro die Festplatte
discoteca die Disko(thek)
disculparse sich entschuldigen
dispuesto fertig; **estar dispuesto a** bereit sein zu
disquete die Diskette
distinto anders
divertido unterhaltsam
divertirse sich unterhalten **20**
divorciado geschieden
DNI der Personalausweis
doblado *(película)* nachvertont
doble das Doppelte
doce: las doce (de la mañana) der Mittag; **las doce (de la noche)** die Mitternacht
documentación die Ausweispapiere
documento das Dokument

doler schmerzen **108**; **me duele** das tut weh; **me duele la cabeza** ich habe Schmerzen am Kopf
dolor de muelas das Zahnweh
domingo der Sonntag
donde wo
dónde wo?; **¿de dónde vienes?** woher kommst du?
dormir schlafen; **dormir al raso** unter freuem Himmel schlafen
dormirse einschlafen
droga die Droge
ducha die Dusche
ducharse eine Dusche nehmen
dudar zögern
dulce *(suave)* süß; *(azucarado)* gezuckert
duración die Dauer
durante während *(+ gen)*
durar dauern **25**, **75**
duro *(sólido)* hart; *(difícil)* schwer

echar werfen; **te echo de menos** ich vermisse dich
edad das Alter
Edad Media das Mittelalter
edificio das Gebäude
edredón das Federbett
educado höflich
ejemplo das Beispiel; **por ejemplo** zum Beispiel
el der *(ver gramática)*
él er, ihn *(ver gramática)*
elección die Wahl
electricidad die Elektrizität
eléctrico elektrisch
elegante elegant
elegir wählen **48**
ella sie, ihr *(ver gramática)*
ellas sie, ihnen *(ver gramática)*
ellos sie, ihnen *(ver gramática)*
e-mail die E-Mail
embajada die Botschaft
embarazada schwanger **108**
embarcar einchecken **26**
embarque das Einchecken **27**
embrague die Kupplung
embutidos die Wurstwaren
emergencia der Notfall; **en caso de emergencia** im Notfall
empaste die Zahnfüllung
empezar anfangen **107**
empujar schieben
en in, an, auf, bei, mit; **en alemán** auf Deutsch; **en la calle** auf der Straße; **en coche** mit dem Auto; **en la mesa** auf dem Tisch; **en junio** im Juni; **en un mes** in einem Monat; **rico en** reich an
encantado erfreut; **encantado de conocerle** ich freue mich, Sie kennen zu lernen; **¡encantado!** sehr erfreut!
encantar: me encanta tu vestido dein Kleid gefällt mir sehr
encender *(fuego, cigarro)* anzünden; *(luz)* anmachen
enchufar anschließen **104**
enchufe die Steckdose **101**
encima de überhalb (von)
encontrar *(lo perdido)* finden **20**, **42**, **84**; *(a alguien)* treffen
encontrarse sich treffen; **me encuentro bien** es geht mir gut **107**
enero der Januar
enfadado verärgert
enfermedad die Krankheit
enfermera die Krankenschwester
enfermo krank; **ponerse enfermo** krank werden
enfrente gegenüber
¡enhorabuena! herzlichen Glückwunsch!
ensalada der Salat
enseguida sofort
enseñar *(mostrar)* zeigen **13**, **40**, **73**; *(dar clases)* unterrichten
entender verstehen **10**, **20**
entero ganz
entonces dann

entrada *(lugar, ticket)* der Eingang; *(ticket)* die Eintrittskarte **70**, **74**; *(asiento)* der Sitz; **ya no hay entradas** es ist voll
entrar hineingehen
entre unter; **entre las 3 y las 5** zwischen drei und fünf Tagen
entreacto die Pause
enviar schicken **96**
envío die Sendung
equipaje das Gepäck **27**
equipo *(de trabajo, de fútbol)* die Mannschaft; *(de música)* die Stereoanlage
equivocarse sich irren **13**, **104**
error der Fehler
escalera die Treppe
escalón die Stufe
escaparate das Schaufenster; **en el escaparate** im Schaufenster **89**
escaso selten
escribir schreiben **11**, **36**, **86**
escuchar hören
escuela die Schule
ese(a) dieser, diese, dieses *(ver gramática)*
ése(a) dieser da, diese da, dieses da
esfuerzo die Anstrengung; **hacer un esfuerzo** sich anstrengen
eso das
esos(as) diese *(ver gramática)*
ésos(as) diese da
espalda der Rücken
España Spanien
español *(adj)* spanisch
español *(m)* der Spanier
española *(f)* die Spanierin
espárrago Spargel
especia das Gewürz
especial speziell
especialidad die Spezialität
espectáculo das Schauspiel
espejo der Spiegel
esperar *(en general)* warten **116**, **120**; *(desear)* hoffen; **espero que...** ich hoffe, dass...
espinacas der Spinat
esponja der Schwamm
esposa die Gemahlin
esposo der Gemahl
espuma de afeitar der Rasierschaum
esquí der Ski
esquí náutico der Wasserski
esquiar Ski laufen **80**
estación *(en general)* die Station; *(de tren)* der Bahnhof; *(de metro)* der U-Bahnstation; *(del año)* die Jahreszeit
estación de autobuses der Busbahnhof
estación de esquí der Skiort
estadio das Stadion
estado der Zustand; *(país)* der Staat
Estados Unidos die Vereinigten Staaten
estancia der Aufenthalt
estanco das Tabakgeschäft
estar sein; **estoy bien** es geht mir gut
estatua die Statue
este der Osten; **al este (de)** östlich (von)
este(a) dieser, diese, dieses *(ver gramática)*
éste(a) dieser hier, diese hier, dieses hier
estilo der Stil
esto das
estómago der Magen
estos(as) diese *(ver gramática)*
éstos(as) diese hier
estrecho schmal
estreñido verstopft
estreñimiento die Verstopfung
estresado gestresst
estropeado beschädigt, kaputt
estropear beschädigen
estudiante der Student **16**, **24**
estudiar studieren
estudio *(lugar)* die Einzimmerwohnung
estudios das Studium
estupendo fantastisch
euro der Euro

eurocheque der Euroscheck
Europa das Europa
europeo *(adj)* europäisch
evidente offensichtlich
excelente hervorragend
excepcional außergewöhnlich
excepto außer
exceso de equipaje das Übergepäck
excursión der Ausflug; *(a pie)* das Wanderung **79**
excusa die Entschuldigung
éxito der Erfolg
explicar erklären
exposición die Ausstellung
expresar ausdrücken
expresarse sich ausdrücken
expresión der Ausdruck
extranjero *(persona)* der Ausländer; **en el extranjero** im Ausland
extraordinario außerordentlich

F

fácil (de) leicht (zu)
factura die Rechnung
facturación *(de equipaje)* die Gepäckaufgabe
facturar *(equipaje)* das Gepäck aufgeben
falda der Rock
falso falsch
falta der Fehler
faltar fehlen; **(me) faltan 2...** es fehlen mir zwei... **26, 114**
familia die Familie
famoso berühmt
farmacia die Apotheke
faro *(torre)* der Leuchtturm; *(de vehículo)* der Scheinwerfer
favor die Gunst; **hacer un favor** einen Gefallen tun; **por favor** bitte
favorito Lieblings-; **plato favorito** das Leibgericht
fax das Fax
febrero der Februar
fecha das Datum
fecha de caducidad das Verfallsdatum
fecha de nacimiento das Geburtsdatum
fecha límite das Verfallsdatum
¡felicidades! herzlichen Glückwunsch!; *(en cumpleaños)* alle Gute zum Geburtstag!
feliz glücklich; **¡feliz Año Nuevo!** ein gutes neues Jahr!
feo hässlich
feria *(atracciones)* der Jahrmarkt; *(salón)* die Messe
ferry die Fähre
festival das Festival
festivo frei; **día festivo** der Feiertag
fianza die Kaution
fiebre das Fieber **108**
fiesta das Fest **70**
fiesta nacional der Nationalfeiertag
filete das Steak
fin das Ende; **en fin** kurz und gut
fin de semana das Wochenende
final das Ende; **al final (de)** am Ende von; **a finales de** gegen Ende; **al final de la calle** am Ende der Straße
finalmente schließlich
fino fein
firmar unterschreiben **86, 114**
flaco mager
flash der Blitz
flecha der Pfeil
flor die Blume
folclórico Folklore-
folleto die Broschüre, der Prospekt
fondo der Grund; **en el fondo de** hinten in
fontanero der Klempner
forfait der Pauschalpreis
forma die Art; **de todas formas** jedenfalls
foto das Foto **91**; **hacer una foto** ein Foto machen

fotocopia die Photocopie
fractura der Bruch
frágil zerbrechlich
frambuesa die Himbeere
francés *(adj)* französisch
francés *(m)* der Franzose
francesa *(f)* die Französin
Francia Frankreich
franco *(n)* der Franc
frase der Satz
fregar: fregar los platos Geschirr spülen
freír frittieren
frenar bremsen
freno die Bremse
freno de mano die Handbremse
frente die Stirn
fresa die Erdbeere
fresco *(tiempo, bebida)* kalt; *(alimento)* frisch
frigorífico der Kühlschrank
frío kalt; **hace frío** es ist kalt; **coger frío** sich erkälten
frito frittiert
frontera die Grenze
fruta das Obst
fuego das Feuer; **¿tienes fuego?** hast du Feuer?
fuegos artificiales das Feuerwerk
fuente *(bandeja)* die Platte; *(manantial)* die Quelle
fuera draußen
fuera de servicio außer Betrieb
fuerte *(persona, sabor)* stark; *(sonido)* laut
fuga die Flucht
fumador der Raucher **48**; **no fumador** der Nichtraucher **52**
fumar rauchen
funcionar funktionieren **36**, **40**, **92**, **98**
funda de almohada der Kissenbezug
fusible dic Sicherung
fútbol der Fußball

G

gafas die Brille
gafas de sol die Sonnenbrille
galería die Galerie
galleta der Keks
gallina das Huhn
gamba die Krabbe
ganar *(dinero)* verdienen; *(tiempo)* gewinnen
ganas: tener ganas de Lust haben zu
garantía die Garantie
garbanzos die Kichererbsen
garganta der Hals
gas das Gas
gasa *(vendaje)* die Wundgaze
gaseosa die Limonade
gasolina das Benzin; **quedarse sin gasolina** kein Benzin mehr haben **31**
gasolinera die Tankstelle **31**
gastar ausgeben
gato die Katze
gaviota die Möwe
gel de ducha das Duschgel
genial genial
gente die Leute
ginecólogo der Frauenarzt
girar drehen
giro postal die Postanweisung
golf das Golfspiel
gordo dick
gorra die Mütze
gorro die Mütze
gotas *(para las orejas, los ojos)* die Tropfen
grabar gravieren
gracias danke; **muchas gracias** vielen Dank; **no, gracias** nein danke; **gracias a** dank *(+ gen)*; **dar las gracias** danken
gracioso graziös
grado der Grad
gramática die Grammatik
gramo das Gramm
Gran Bretaña Großbritannien

grande groß
granja der Bauernhof
grano *(en la piel)* der Pickel
graso fett
gratis kostenlos **68**, **73**
grave ernst; **no es grave** es ist nicht schlimm
Grecia Griechenland
griega *(f)* die Griechin
griego *(m)* der Grieche
griego *(adj)* griechisch
grifo der Wasserhahn
gripe die Grippe
gris grau
grupo die Gruppe; *(de música)* die Band
guante der Handschuh
guapo schön; *(hombre)* gut aussehend
guardar *(en general)* bewahren; *(en el ordenador)* speichern
guardarropa die Garderobe
guerra der Krieg
guía der Führer
guía de espectáculos der Veranstaltungskalender **67**
guía telefónica das Telefonbuch
guisantes die Erbsen
guitarra die Gitarre
gustar *(agradar)* gefallen **19**, **89**; *(ser aficionado)* schätzen; **me gusta** das gefällt mir; **me gustaría...** ich würde gern **8**
gusto der Geschmack; **¡mucho gusto!** sehr erfreut!

H

habitación *(en general)* der Raum; *(para dormir)* das Zimmer **37**, **38**, **39**; **habitación doble/individual** das Doppelzimmer/das Einzelzimmer
hablar sprechen **8**, **10**, **100**, **112**
hacer machen, tun; *(pastel, pan)* kochen; **hace 2 años...** vor zwei Jahren **78**, **118**; **hace 2 años que...** es ist zwei Jahre her, dass...
hachís das Haschisch
hacia *(en dirección a)* in Richtung
hambre der Hunger; **tener hambre** Hunger haben **46**
hamburguesa der Hamburger
harina das Mehl
harto: estar harto de algo etwas satt haben
hasta bis **68**; **hasta que** bis (dass); **¡hasta luego!** bis nachher!, bis später!; **¡hasta mañana!** bis morgen!; **¡hasta otra!** bis zum nächsten Mal!
hay es gibt
hecho *(n)* die Tatsache; **de hecho** tatsächlich
hecho *(adj)*: **(bien) hecho** gar; **demasiado hecho** zu lange gekocht; **poco hecho** blutig; **hecho a mano** handgemacht
helada der Frost
helado das Eis
herida die Wunde
herido verletzt
hermana die Schwester
hermano der Bruder
hielo das Eis
hierba das Gras
hígado die Leber
hija die Tochter
hijastra die Stieftochter
hijastro der Stiefsohn
hijo der Sohn
historia die Geschichte
hoja das Blatt
hojaldre der Blätterteig
hola hallo **101**
Holanda Holland
holandés *(adj)* holländisch
hombre der Mann
hombro die Schulter
homeopatía die Homöopathie
homosexual homosexuell
honrado ehrlich
hora die Stunde **119**; **¿a qué hora...?** um wie viel Uhr?; **a las cinco** um fünf

Uhr; **a la hora** pünktlich; **antes de la hora** zu früh; **media hora** eine halbe Stunde
horario *(de apertura)* die Öffnungszeiten; *(de trenes)* die Abfahrtszeiten
hormiga die Ameise
horno der Ofen
horrible schrecklich
hospital das Krankenhaus
hotel das Hotel
hoy heute **106**, **118**; **hoy en día** heutzutage
hueso der Knochen
huevo das Ei
huevo duro das hart gekochte Ei
huevo frito das Spiegelei
huevo pasado por agua das Frühstücksei
huevos revueltos das Rührei
húmedo feucht
humo der Rauch
humor der Humor

I

ida die Hinfahrt
ida y vuelta *(coche, tren)* die Hin-und Rückfahrt; *(avión)* die Hin- und Rückflug
idea die Idee; **ni idea** keine Ahnung
idioma die Sprache
iglesia die Kirche
igual gleich; **es igual** das macht nichts; **me da igual** das ist mir egal
impermeable *(n)* der Regenmantel
impermeable *(adj)* wasserdicht
importante wichtig
importar: no importa das macht nichts
imposible unmöglich
impresión der Eindruck; **tener la impresión que** den Eindruck haben, dass...
impresionante beeindruckend
impreso das Formular **114**
imprimir drucken
impuestos: libre de impuestos steuerfrei
incendio der Brand
incienso der Weihrauch
incluido *(servicio, seguro)* inbegriffen; **todo incluido** alles inklusive
incluso sogar, selbst; **incluso ellos** sogar sie
increíble unglaublich
independiente unabhängig
infección die Infektion
información die Auskünfte **73**; *(telefónica)* die Auskunft
infusión der Kräutertee
Inglaterra England
inglés *(adj)* englisch
inglés *(m)* der Engländer
inglesa *(f)* die Engländerin
inolvidable unvergesslich
insecticida das Insektengift
insecto das Insekt
insolación der Sonnenstich
insomnio die Schlaflosigkeit
instituto das Institut
instrumento *(de música)* das Musikinstrument
insulto die Beleidigung
inteligente intelligent
intentar probieren; **intentar hacer algo** versuchen, etwas zu tun
interesante interessant
intermitente der Blinker
internacional international
internet das Internet **97**
interpretar interpretieren
intoxicación alimentaria die Lebensmittelvergiftung
invierno der Winter
invitado der Gast
invitar einladen
inyección die Spritze
ir gehen **14**; **irse** weggehen
isla die Insel
Italia Italien

italiana *(f)* die Italienerin
italiano *(m)* der Italiener
italiano *(adj)* italienisch
IVA die Mehrwertsteuer
izquierda links

jabón die Seife
jamón der Schinken
Japón Japan
japonés *(adj)* japanisch
japonés *(m)* die Japanerin
japonesa *(f)* der Japaner
jarabe der Sirup
jardín der Garten
jarra der Krug **49**
jefe der Chef
jersey der Pullover
¡Jesús! Gesundheit!
jogging das Jogging
joven *(n)* der/die Jugendliche
joven *(adj)* jung
joyas der Schmuck
joyería das Schmuckgeschäft
jubilación der Ruhestand
jubilado(a) der Rentner, die Rentnerin; **estar jubilado** im Ruhestand sein **16**
judías die Bohnen
judías verdes die grüne Bohnen
juego das Spiel
juerga das feuchtfröhliches Vergnügen
jueves der Donnerstag
jugar spielen
juguete das Spielzeug
julio der Juli
junio der Juni
juntos(as) zusammen
justo gerecht; **justo antes** kurz vorher

kayac das Kajak
kilómetro der Kilometer
kleenex® das Papiertaschentuch

la *(artículo)* der, die, das; *(pron)* sie, ihr *(ver gramática)*
labio die Lippe
lado die Seite; **al lado de** neben
ladrón der Dieb
lago der See
lamentar bedauern
lámpara die Lampe
lana die Wolle
langosta die Languste
lápiz der Stift
largo lang
las *(artículo)* die; *(pron)* sie, ihnen *(ver gramática)*
lástima: es una lástima das ist schade
lata die Konservendose
lavabo das Waschbecken
lavadora die Waschmaschine
lavandería der Waschsalon
lavaplatos die Spülmaschine
lavar waschen
lavarse sich waschen; **lavarse los dientes** sich die Zähne putzen; **lavarse el pelo** sich die Haare waschen
lavavajillas *(aparato)* die Spülmaschine; *(producto)* das Spülmittel
le ihn, ihr, ihm, sie, ihr *(ver gramática)*
leche die Milch
leche desnatada die Magermilch
leche entera die Vollmilch
leche hidratante die Feuchtigkeitsmilch
lechuga der Kopfsalat
leer lesen
legumbres die Hülsenfrüchte
lejos weit **13**
lengua *(órgano)* die Zunge
lentejas die Linsen
lentillas die Kontaktlinsen
les *(artículo)* die; *(pron)* sie, ihnen *(ver gramática)*
letra der Buchstabe
levantarse aufstehen

libre frei **25**
librería die Buchhandlung
libro das Buch
licor der Likör
ligar anbaggern
ligero leicht
lima die Limette
limón die Zitrone
limpiar putzen
limpieza das Putzen
limpio sauber
línea de metro die U-Bahnlinie **28**
linterna die Taschenlampe
lista de correos das Postfach
listo *(astuto)* klug; *(preparado)* fertig; **estar listo** fertig sein
litro der Liter
llamada *(telefónica)* der Anruf
llamar *(hacer venir)* rufen; *(por teléfono)* anrufen **102**; **llamar por teléfono (a)** (jemanden) anrufen; **me llamo...** ich heiße... **16**
llamarse *(tener por nombre)* heißen **15**
llave der Schlüssel **42**
llegada die Ankunft
llegar ankommen **17**, **26**
llenar füllen
lleno voll; **lleno de** voll von *(+ dat)*
llevar tragen; *(en coche)* mitnehmen **31**, **33**; **para llevar** zum Mitnehmen
llevarse: llevarse bien/mal (con alguien) sich gut/ schlecht (mit jemandem) verstehen
llorar weinen
llover regnen; **llueve** es regnet
lluvia der Regen
lo *(artículo)* der, die, das; *(pron)* ihn, ihm *(ver gramática)*; **lo que** (das) was
loco verrückt
loncha die Scheibe
los *(artículo)* die; *(pron)* sie, ihnen *(ver gramática)*
lujo der Luxus
luna der Mond
luna de miel die Flitterwochen
lunes der Montag
Luxemburgo das Luxemburg
luxemburgués der Luxemburger
luxemburguesa die Luxemburgerin
luz das Licht; *(de coche)* der Scheinwerfer

M

machista chauvinistisch
madera das Holz
madrastra die Stiefmutter
madre die Mutter
maduro reif
magnífico großartig
maíz der Mais
majo hübsch
mal *(adv)* schlecht
mal *(adj)* schlecht; **hace mal tiempo** das Wetter ist schlecht
maleducado unhöflich
malentendido das Missverständnis
maleta der Koffer **26**; **hacer la maleta** packen
maletero der Kofferraum
malísimo sehr schlecht
malo schlecht; *(persona)* böse
mancha der Fleck
mandarina die Mandarine
manera die Art; **de todas maneras** sowieso
manga der Ärmel; **sin mangas** ärmellos; **en manga corta** kurzärmelig
manguera der Schlauch
mano die Hand; **de segunda mano** aus zweiter Hand, gebraucht
manopla der Waschlappen
manta die Decke **39**
mantequilla die Butter
manzana der Apfel
mañana *(n)* der Morgen

mañana *(adv)* morgen; **¡hasta mañana!** bis morgen!; **mañana por la noche** morgen Abend
mapa die Landkarte
maquinilla (de afeitar) der Rasierer
maquinilla eléctrica der Elektrorasierer
mar das Meer
maravilloso wunderbar
marcha: ir de marcha einen draufmachen; **aquí hay mucha marcha** hier geht es hoch her
marcha atrás der Rückwärtsgang
marcharse weggehen
marea: marea baja die Ebbe; **marea alta** die Flut
mareado schwindlig
marearse *(en barco)* seekrank werden
margarina die Margarine
marido der Ehemann
mariscos die Meeresfrüchte
marrón braun
martes der Dienstag
marzo der März
más mehr; **más de/que** mehr als; **más bien** eher; **más o menos** mehr oder weniger
matar töten
matrícula das Kennzeichen
matricularse sich anmelden
matrimonio die Hochzeit
máximo das Maximum
mayo der Mai
mayonesa die Mayonnaise
mayor *(de más edad)* älter; *(de más tamaño)* größer; **el mayor** *(de edad)* der älteste, *(de tamaño)* der größer; **la mayor parte** die meisten
mayoría: la mayoría die meisten
me mich, mir *(ver gramática)*
mechero das Feuerzeug
medianoche die Mitternacht
medias die Strumpfhose
medicina das Medikament
médico(a) der Arzt **106**
médico(a) de familia der Allgemeinarzt
media pensión die Halbpension
medio *(adj) (mitad)* halb **49**; *(promedio)* mittel; **media hora** eine halbe Stunde; **una hora y media** eineinhalbstunden; **medio litro/kilo** ein halber Liter/ halbes Kilo; **dar media vuelta** umkehren; **duración media** die Durchschnittsdauer
medio *(n) (modo)* das Mittel *m*; *(punto)* das Milieu; **en medio (de)** inmitten
mediodía der Mittag
Mediterráneo das Mittelmeer
mejillones die Miesmuscheln
mejor *(adv)* besser **21**, **108**
mejor *(adj)* besser; **el mejor** der beste; **mejor que...** besser als...
mejorar bessern
melocotón der Pfirsich
melón die Melone
memoria das Gedächtnis; **de memoria** auswendig
menos weniger **87**; **menos que** weniger als; **por lo menos** mindestens; **menos cuarto** Viertel vor
mensaje die Nachricht **101**
mentir lügen
mentira die Lüge
menú das Menü **49**
menudo: a menudo oft
mercado der Markt **87**
merienda das Vesperbrot
mermelada die Marmelade
mes der Monat **108**, **118**
mesa der Tisch **47**
metálico: pagar en metálico bar bezahlen
metro *(medio de transporte)* die U-Bahn **28**; *(unidad)* der Meter
mezclar mischen
mezquita die Moschee
mi mein, meine, mein *(ver gramática)* **19**
mí ich, mich, mir *(ver gramática)* **51**
microondas die Mikrowelle

miedo die Angst; **tener miedo (de)** Angst haben (vor)
miel der Honig
mientras während
miércoles der Mittwoch
mineral Mineral-
mínimo das Minimum
minusválido *(adj)* behindert **113**
minuto die Minute **120**
mío(a): el/la mío/a meiner, meine, meines *(ver gramática)*
mirador der Aussichtspunkt
mirar anschauen
mis meine
misa der Gottesdienst
mismo gleich; **lo mismo** dasselbe, das Gleiche **51**; **yo mismo** ich selbst
mitad die Hälfte
mochila der Rucksack
moda die Mode; **de moda** modisch
moderno modern; *(a la moda)* modisch
modo die Art; **de todos modos** auf alle Fälle
mojado nass
molestar stören
molesto ärgerlich
momento der Moment; **un momento** einen Augenblick **102**; **en este momento** im Moment; **de momento** momentan; **en aquel momento** in diesem Fall
monasterio das Kloster
moneda die Münze
monedero der Geldbeutel
monja die Nonne
monoesquí der Monoski
montaña der Berg
monumento das Denkmal
morado violett
moreno *(pelo)* braun; *(por el sol)* braun; **ponerse moreno** braun werden
morir sterben
mosca die Fliege
mosquito der Moskito
mostaza der Senf
moto das Motorrad
motor der Motor
móvil *(telefono)* das Handy **101, 104**
mucho *(adj)* viel **85**;
mucho *(adv)* sehr; **ni mucho menos** durchaus nicht; **nos vemos mucho** wir sehen uns oft
mudo stumm
muelle die Mole
muerte der Tod
muerto *(adj)* tot
mujer die Frau
multa das Strafzettel
mundo die Welt; **todo el mundo** alle; **nada del otro mundo** nichts Außergewöhnliches
murallas die befestigte Stadtmauer
músculo der Muskel
museo das Museum **75**
música die Musik
muslo der Schenkel
musulmán muslimisch
muy sehr

N

nacer geboren werden; **nací el/ en...** ich bin am.../im Jahre... geboren
nacionalidad die Staatsangehörigkeit
nada nichts; **de nada** bitte; **nada del otro mundo** nichts Außergewöhnliches
nadar schwimmen
nadie niemand
naranja *(n) (fruta)* die Orange
naranja *(adj) (color)* orangefarben
nariz die Nase
nata die Sahne
natación das Schwimmen
naturaleza die Natur
náuseas: tener náuseas Übelkeit empfinden

navegar *(en el mar)* fahren; *(en internet)* surfen
Navidad die Weihnachten; **¡feliz Navidad!** frohe Weihnachten!
necesario nötig
neceser der Waschbeutel
necesitar brauchen **108, 110**
negarse ablehnen
negativo das Negativ
negocios die Geschäfte
negro schwarz
nervioso nervös; **ponerse nervioso** nervös werden
neumático der Reifen
nevar schneien
ni... ni... weder... noch...
niebla der Nebel
nieta die Enkelin
nieto der Enkel
nieve der Schnee
ningún, ninguno(a) kein; **en ningún sitio** nirgendwo
niño(a) das Kind
no nein; *(en forma negativa)* nichts; **no hay de qué** gern geschehen
noche *(período del día)* die Nacht; *(atardecer)* der Abend; **esta noche** heute Abend; **por la noche** nachts; **buenas noches** *(como saludo)* guten Abend, *(antes de ir a dormir)* gute Nacht
nombre der Name; *(de pila)* der Vorname
normal normal
norte der Norden
nos wir, uns
nosotros(as) wir, uns *(ver gramática)*
nota *(factura)* die Rechnung; *(escrito)* der Zettel
noticia die Nachricht; **buena/mala noticia** die gute/die schlechte Nachricht; **las noticias** die Nachrichten
novela der Roman
noviembre der November
novia *(informal)* die Freundin; *(formal)* die Verlobte
novio *(informal)* der Freund; *(formal)* der Verlobte
nube die Wolke
nublado bewölkt
nuera die Schwiegertochter
nuestro(a) unser, unsere, unser; **el/la nuestro/a** der/die/das unsere *(ver gramática)*
nuestros(as) unsere *(ver gramática)*
nuevo neu; **de nuevo** wieder; **año nuevo** das Neujahr
nueces die Walnuss
número die Zahl, die Nummer; *(de zapato)* die Schuhgröße
número de teléfono die Telefonnummer
número personal die Geheimzahl **94**
nunca nie **78, 81**

O

o oder
objetivo *(fotográfico)* das Objektiv
objeto das Objekt
objetos personales die Sachen
obligatorio obligatorisch
obra de teatro das Theaterstück
obras die Bauarbeiten
observar *(hacer ver)* bemerken
océano der Ozean
octubre der Oktober
ocupado *(teléfono, aseos)* besetzt; *(persona)* beschäftigt
ocupar beschäftigen
ocuparse de alguien/algo für jemanden/etwas sorgen
ocurrir sich ereignen, geschehen
odiar hassen
oeste der Westen; **al oeste (de)** westlich (von)
ofendido beleidigt
oferta das Sonderangebot
oficina de correos das Postamt **95**
oficina de turismo die Touristeninformation

oficio der Beruf
oír hören
ojo das Auge
ola die Welle
oler riechen; **oler bien/mal** gut/schlecht riechen
olor der Geruch
olvidar vergessen **12**, **27**
ópera die Oper
operarse operiert werden
opinión: cambiar de opinión seine Meinung ändern
oportunidad der Anlass
óptico der Optiker
ordenador der Computer
ordenador portátil der Laptop
ordenar aufräumen
oreja das Ohr
organizar organisieren
orgulloso stolz
origen die Herkunft; **ser de origen...** aus... stammen
original originell, original
oro das Gold; **de oro** golden
orquesta das Orchester
oscuro dunkel
ostra die Auster
otoño der Herbst
otro(a) *(pron)* ein anderer, eine andere, ein anderes
otros(as) andere

P

paciente geduldig
padrastro der Stiefvater *m*
padre der Vater; **padres** die Eltern
pagar bezahlen **52**, **86**
página die Seite
país das Land
paisaje die Landschaft
Países Bajos Holland
pájaro der Vogel
palabra das Wort
palacio der Palast *m*
pálido blass
paloma die Taube
pan das Brot
panadería die Bäckerei
panorama das Panorama
pantalones die Hose
pantalones cortos die kurze Hose
pañal die Windel
pañuelo *(de nariz)* das Stofftaschentuch; *(de cuello)* das Halstuch
papel das Papier
papel de aluminio die Aluminiumfolie
papel de fumar das Zigarettenpapier
papel de regalo das Geschenkpapier
papel higiénico das Toilettenpapier
paquete das Paket; *(de tabaco)* die Schachtel
para für **38**, **47**
parabrisas die Windschutzscheibe
parachoques die Stoßstange
parada der Halt **29**, **30**
parada de autobús die Haltestelle
paraguas der Regenschirm
parar aufhören; *(tren, autobús)* anhalten
pararse stehen bleiben
parecer aussehen; **parece que...** es scheint, dass...
parecerse sich ähnlich sehen; **parecerse a alguien** jemandem ähneln
parecido ähnlich
pared die Wand
parking der Parkplatz
parque der Park
parque de atracciones der Vergnügungspark
parte der Teil; **de parte de** im Auftrag von; **en otra parte** anderswo; **formar parte de** gehören zu; **por todas partes** überall
partido das Spiel
partir: a partir de ab

pasado die Vergangenheit; *(día, año)* letzte; **el año pasado** letztes Jahr **118**; **pasado mañana** übermorgen
pasajero der Passagier
pasaporte der Reisepass
pasas die Rosinen
Pascua Ostern
pasear spazieren
paseo der Spaziergang; **dar un paseo** einen Spaziergang machen
paso: estar de paso auf der Durchreise sein **17**
pasta die Nudeln
pasta de dientes die Zahnpasta
pastel der Kuchen
pastelería *(productos)* das Gebäck; *(tienda)* die Bäckerei
patata die Kartoffel
patatas fritas *(caseras)* die Pommes frites; *(de bolsa)* die Chips
paté die Pastete
patines die Inlineskates
pato die Ente
pavo die Pute
peaje die Mautstelle
peatón der Fußgänger
pecho die Brust
pedazo das Stück
pedir *(solicitar)* bitten; *(en restaurante)* bestellen **49**
pegamento der Klebstoff
peine der Kamm
pelar schälen
pelarse *(piel)* sich schälen
película der Film
peligroso gefährlich
pelirrojo rothaarig
pelo das Haar
pelota der Ball
peluquería der Frisör
pena der Kummer; **merece la pena** es lohnt sich; **es una pena** das ist schade; **¡qué pena!** wie schade!
pendientes die Ohrringe
pensar denken; *(reflexionar)* überlegen **89**; **pensar en** denken an
pensión die Pension; **media pensión** die Halbpension; **pensión completa** die Vollpension
peor schlimmer; **estar peor** sich verschlimmern **108**
pepino die Gurke
pequeño klein
pera die Birne
percha *(para ropa)* der Kleiderbügel; *(de telearrastre)* der Ankerlift
perder verlieren **32**, **112**; *(tren, autobús)* verpassen **27**, **29**; **estar perdido** verirrt sein; **perder tiempo** Zeit verlieren
perderse *(a pie)* sich verlaufen; *(en coche)* sich verfahren **13**
¡perdón! Verzeihung!
¡perdone! Entschuldigung!
perfecto perfekt
perfume *(cosmético)* das Parfüm; *(aroma)* das Aroma
periódico die Zeitung
permitir erlauben
pero aber
perrito caliente der Hot Dog
perro der Hund
persona die Person **87**
pesado schwer
pesar wiegen
pescadería die Fischhandlung
pescado der Fisch
pescar angeln
peso das Gewicht
pez der Fisch
picadura der Stich
picante scharf, pikant
picar *(insecto)* stechen; *(piel)* jucken **108**
picnic das Picknick; **ir de picnic** picknicken
pie der Fuß; **a pie** zu Fuß
piedra der Stein
piel die Haut
pierna das Bein

pieza de recambio das Ersatzteil
pijama der Schlafanzug
pila die Batterie
píldora die Pille; **tomar la píldora** die Pille nehmen **108**
pimienta der Pfeffer
pimiento die Peperoni; **pimiento morrón** der Paprika
pinchar *(aguja)* stechen; *(neumático)* platzen lassen
pinza die Klammer
pinzas die Pinzette
piña die Ananas
pipa die Pfeife
piscina das Schwimmbad
piso *(altura)* das Stockwerk; *(casa)* die Wohnung
pista die Piste
pista de tenis der Tennisplatz
pizzería die Pizzeria
plancha das Bügeleisen; **a la plancha** auf einer heißen Metallplatte gebraten
planchar bügeln
plano *(adj)* flach
plano der Plan **28**, **73**
planta *(vegetal)* die Pflanze; *(piso)* das Stockwerk
planta baja das Erdegeschoss
plástico das Plastik
plata das Silber
plátano die Banane
plato *(recipiente)* der Teller; *(preparado)* das Gericht; **plato del día** das Tagesgericht; **primer plato** die Vorspeise; **segundo plato** das Hauptgericht
playa der Strand
plaza der Platz **25**; *(de camping)* der Platz **43**
plaza de aparcamiento der Parkplatz
pobre arm
poco *(adv)* wening **12**; **poco a poco** nach und nach; **poco hecho** *(filete)* ganz kurz gebraten
poco(a) *(adj)* wening; **un poco de** ein bisschen, etwas **87**; **unos pocos** ein paar
poder können **11**, **13**, **37**
policía die Polizei
policía der Polizist
pollo das Hühnchen
polvo *(de sustancia)* das Pulver; *(del aire)* der Staub; **estar hecho polvo** total fertig sein
pomada die Salbe
pomelo die Grapefruit
poner *(en horizontal)* legen; *(en vertical)* stellen
poquito: un poquito ein bisschen
por pro, für **47**; **por ciento** Prozent; **por día/hora** pro Tag/ Stunde
¿por qué? warum?, wesgalb?
porque weil
portátil *(ordenador)* der Laptop
portero *(de edificio)* der Pförtner, der Portier; *(de fútbol)* der Torwart
Portugal Portugal
portugués *(adj)* portugiesisch
portugués *(m)* der Portugiese
portuguesa *(f)* die Portugiesin
posible möglich; **lo antes posible** so früh wie möglich
postal die Postkarte
postre die Nachspeise **49**
potable trinkbar; **no potable** nicht trinkbar
práctico praktisch
precio der Preis
precioso kostbar, wertvoll
preferir vorziehen
prefijo *(telefónico)* die Vorwahl **103**
pregunta die Frage
preguntar fragen
premio der Preis
preocuparse sich Sorgen machen
preparar vorbereiten
presentar vorstellen
preservativo das Präservativ
prestado: tomar prestado leihen

prestar leihen **43**
prever planen
previsiones meteorológicas die Wettervorhersage
prlmavera der Frühling
primero *(adj)* erste
primero *(adv)* zuerst
prima die Kusine
primo der Cousin
principiante der Anfänger
principio der Anfang; **al principio** am Anfang; **a principios de** am Anfang von
prisa: tener prisa es eilig haben **116**; **darse prisa** sich beeilen
prisión das Gefängnis
prismáticos das Fernglas
privado privat
probador die Umkleidekabine **89**
probar *(ropa)* anprobieren **89**; *(comida)* probieren **87**
problema das Problem **98**
prodigio das Wunder
producto das Produkt
profesor(a) der Lehrer
profesor(a) de natación der Bademeister
profundo tief
programa *(de radio, tele)* die Sendung
prohibido verboten; **prohibido fumar** Rauchen verboten
prometer versprechen; **prometido(a)** der Verlobter, die Verlobte
pronto bald **102**; **¡hasta pronto!** bis bald!
pronunciar aussprechen
propietario(a) der Besitzer, die Besitzerin
propina das Trinkgeld
proponer vorschlagen
propósito: a propósito absichtlich
proteger schützen
protegerse sich schützen
protestante evangelisch, protestantisch
provecho: ¡buen provecho! guten Appetit!
próximo nächste **28**, **75**; **¡hasta la próxima!** bis zum nächsten Mal!
publicidad die Werbung
público *(n)* das Publikum
público *(adj)* öffentlich; **servicio público** der öffentliche Dienst
pudor die Züchtigkeit
pueblo das Dorf
puente die Brücke
puerro der Lauch
puerta die Tür; *(de aeropuerto)* der Flugsteig
puerto der Hafen
pulmón die Lunge
pulpo der Oktopus
pulsera das Armband
punto der Punkt; **a las tres en punto** punkt drei Uhr; **en su punto** gar; **estar a punto de** kurz davor sein...
punto de referencia der Orientierungspunkt
puño das Handgelenk
puro *(cigarro)* die Zigarre

Q

que *(conjunción)* dass; *(pron relativo)* der, die, das
¿qué? welcher, welche, welches?; wie, was?
quedar bleiben **37**; *(con alguien)* sich verabreden, verabredet sein (mit); **no quedan plazas** es ist voll; **le queda bien** das steht Ihnen gut
quedarse bleiben
quejarse sich beklagen
quemadura die Verbrennung
quemar brennen; **quemarse** sich verbrennen; *(con el sol)* sich einen Sonnenbrand holen
querer wollen, lieben; **quisiera** ich möchte...; **querer decir** meinen
queso der Käse
quien wer; welche; der, die, das
¿quién? wer?

quiosco de periódicos der Zeitungsverkäufer, der Zeitungskiosk
quitar entfernen
quizá vielleicht

R

radiador die Heizung
radio das Radio
radiografía das Röntgen
rápido schnell
raqueta der Schläger
raro seltsam
rata die Ratte
ratón die Maus
rayos X das Röntgen
realidad: en realidad in Wirklichkeit
realmente wirklich
rebaja die Ermäßigung
rebajado reduziert
rebajas der Ausverkauf
recado die Nachricht
recambio: de recambio Ersatz-
recepción die Rezeption *f*; **recepción** an der Rezeption **41**
recepcionista der/die Ampfangsangestellte
receta das Rezept
recibir empfangen
recibo die Quittung **86**, **109**
reciente neu
recoger aufheben
recogida *(de correo)* die Leerung **96**
recogida de equipajes die Gepäckausgabe
recomendar empfehlen **46**
reconocer erkennen
recordar sich erinnern (an); **me recuerda...** das erinnert mich an...
recto gerade; **todo recto** geradeaus
recuerdo das Reiseandenken; **en recuerdo de** zur Erinnerung an
refugio die Zuflucht
refugio de montaña die Berghütte
regalar schenken
regalo das Geschenk **90**
regla die Regelblutung; **tener la regla** seine Tage haben
reina die Königin
Reino Unido das Vereinigte Königreich
reírse lachen
relajarse sich entspannen
religión die Religion
rellenar füllen; *(formulario)* ausfüllen **114**
reloj die Uhr
remitente der Absender
remitir nachschicken
remonte der Skilift
reñir sich streiten
repatriar überführen
repetir wiederholen **10**, **100**
repostería das Gebäck
resaca der Kater
reserva die Reserve
reservado reserviert
reservar reservieren **24**, **37**, **38**, **47**, **68**
resfriado der Schnupfen **110**
resfriado: estar resfriado einen Schnupfen haben
resfriarse sich erkälten
responder antworten
respuesta die Antwort
restaurante das Speiselokal, das Restaurant
resto: el resto der Rest
retraso die Verspätung
retrato das Porträt
reuma der Rheumatismus
reunión die Versammlung
revelado das Entwickeln
revelar entwickeln lassen **92**
revista die Zeitschrift; *(ilustrada)* das Magazin
rey der König
rico reich
riesgo das Risiko
riñón die Niere
río der Fluss,
rizado gelockt

robar stehlen **112**
robo der Diebstahl
rodilla das Knie
rojo rot
rollo: ¡qué rollo! wie langweilig!
románico romanisch
romper zerbrechen **107**; **romperse la pierna** sich das Bein brechen
ron der Rum
roncar schnarchen
ronda die Tournee
ropa die Kleidung
ropa interior die Unterwäsche
ropa sucia die schmutzige Wäsche
rosa *(n) (flor)* die Rose
rosa *(adj) (color)* rosafarben
roto gebrochen
rotonda der Kreisverkehr
rubio blond
rueda das Rad
rueda de repuesto das Reserverad
rugby das Rugby
ruido der Lärm; **hacer ruido** Lärm machen
ruidoso laut **39**
ruinas die Ruinen; **en ruinas** verfallen

S

sábado Samstag
sábana das Laken
saber wissen; **saber nadar** schwimmen können
sabor der Geschmack
sacacorchos der Flaschenöffner
sacar herausziehen; **sacar dinero** Geld abheben; **sacar una foto** ein Foto machen **91**; **sacar la basura** die Mülltonnen hinausstellen
sacerdote der Pfarrer
saco de dormir der Schlafsack
sal das Salz
sala der Saal
sala de conciertos der Konzertsaal
sala de espera der Wartesaal
salado gesalzen
salchicha die Wurst
salchichón die Hartwurst
salida der Ausgang; *(de tren avión)* die Abfahrt
salida de emergencia der Notausgang
salir ausgehen; *(tren, avión)* weggehen **29**; **salir con alguien** mit jemandem ausgehen
salmón der Lachs
salón das Wohnzimmer
salsa die Soße
salud die Gesundheit; **estar bien de salud** sich guter Gesundheit erfreuen; **¡salud!** prost!
salvaje wild
sandalias die Sandalen
sandía die Wassermelone
sangrar bluten
sangre das Blut
sardina die Sardine
sartén die Pfanne
se sich, man *(ver gramática)*
secador (de pelo) der Haartrockner
secar trocknen
sección *(de una tienda)* die Abteilung **88**
seco trocken
secretaria die Sekretärin
secreto das Geheimnis
sed: tener sed Durst haben
seda die Seide
seguir folgen, weitergehen
segundo *(n)* die Sekunde
seguridad die Sicherheit
seguro *(adj)* sicher
seguro *(n)* die Versicherung **32**, **79**, **113**
seguro a todo riesgo die Vollkaskoversicherung **32**
sello die Briefmarke **96**
semáforo die Ampel
semana die Woche; **entre semana** unter der Woche
Semana Santa Ostern
señal das Zeichen

señalizar signalisieren
señas die Angaben
sencillo einfach
senderismo die Wanderung **79**; **hacer senderismo** wandern
sendero der Pfad
Señor Herr
Señora Frau
señoras die Damentoiletten
Señorita Fräulein
sentarse sich setzen
sentido *(dirección)* die Richtung; *(significado)* der Sinn
sentirse sich fühlen; **sentirse bien/mal** sich gut/schlecht fühlen **107**
separado getrennt; **por separado** getrennt
separar trennen
separarse sich trennen
septiembre der September
sequía die Dürre
ser sein
serio ernst
servicio der Dienst; **servicios mínimos** der Notdienst; **servicios** die Toiletten
servicio de averías der Pannendienst
servilleta die Serviette
servir para dienen zu
sesión die Sitzung
sexo *(sexualidad)* der Sex; *(género)* das Geschlecht
shorts die kurze Hose
si wenn; **si no** sonst
sí *(adv)* doch
sí *(pron)* sich *(ver gramática)*
sida das Aids
sidra der Apfelmost
siempre immer
siento: lo siento es tut mir Leid
siesta der Mittagsschlaf; **dormir la siesta** einen Mittagsschlaf machen
siglo das Jahrhundert; **en el siglo XIX** im neunzehnten Jahrhundert
significar bedeuten
siguiente folgend
silencio die Ruhe
silla der Stuhl
silla de ruedas der Rollstuhl
simpático sympathisch
sin ohne
sinagoga die Synagoge
síncope die Ohnmacht **108**
sitio *(lugar)* der Ort; *(asiento, espacio)* der Platz; **ya no hay sitio** es ist voll
sitio Web die Website
situación die Lage, die Situation
slip die Unterhose
sobre *(adv)* auf, über; **sobre las tres** gegen drei (Uhr)
sobre *(n) (de correo)* der Briefumschlag; *(de té)* der Teebeutel
sobrina die Nichte
sobrino der Neffe
sociedad die Gesellschaft
socio das Mitglied
socorro die Hilfe; **¡socorro!** Hilfe!; **pedir socorro** um Hilfe rufen
sol die Sonne; **al sol** in der Sonne; **tomar el sol** sich sonnen
solo allein
sólo nur
soltero ledig
sombra der Schatten; **a la sombra** im Schatten
sombrero der Hut
sombrilla der Sonnenschirm
somnífero das Schlafmittel
soñar träumen
sonido der Ton
sonreír lächeln
sonrisa das Lächeln
sopa die Suppe
sordo taub
sorprender erstaunen
sorpresa die Überraschung
sótano der Keller
stand der Stand
su(s) seine(e), ihr(e), Ihr(e) *(ver gramática)*
suave weich

subir hinauftragen
subtitulado mit Untertitel
sucio schmutzig
sudar schwitzen
suegra die Schwiegermutter
suegro der Schwiegervate,
suelo der Boden; **en el suelo** auf dem Boden
sueño der Traum; **tener sueño** müde sein
suerte das Glück; **¡buena suerte!** viel Glück!; **tener suerte** Glück haben
suficiente genug **85**
sufrir leiden
sujetador der Büstenhalter
sujetar halten
súper *(adj) (genial)* toll
súper *(n) (gasolina)* der Superkraftstoff
supermercado der Supermarkt
suplemento der Zuschlag
supositorio das Zäpfchen
supuesto: por supuesto natürlich
sur der Süden; **al sur (de)** im Süden von
surf das Surfen; **hacer surf** surfen
suyo(a) sein(e), ihr(e), Ihr(e); **lo suyos** die Seinen; **esto es muy suyo** das ist typisch für ihn; **ir a lo suyo** auf seinen Vorteil bedacht *(ver gramática)*

T

tabaco der Tabak
tabla de surf das Surfbrett
tabla de windsurf das Windsurfbrett
taco das Schimpfwort
tal: ¿qué tal? wie geht's?; **¿qué tal está?** wie geht es Ihnen?; **tal vez** vielleicht
talla die Größe
taller mecánico die Werkstatt **31**
tamaño die Größe
también auch; **yo también** ich auch
tampoco auch nicht; **yo tampoco** ich auch nicht
tampón das Tampon
tan: tan bien como... genau so gut wie...
tapa der Deckel
tapón der Deckel
tapones *(para las orejas)* die Ohropax®
tardar: tarda 2 horas es dauert zwei Stunden
tarde *(adv)* spät, verspätet **67**
tarde *(n) (hasta las siete)* der Nachmittag, *(después de las siete)* der Abend; **por la tarde** nachmittags, abends; **buenas tardes** *(hasta las siete)* guten Tag, *(después de las siete)* guten Abend
tarifa der Tarif; **tarifa normal** der Volltarif
tarjeta die Karte
tarjeta de crédito die Kreditkarte **37**, **94**
tarjeta de visita die Visitenkarte
tarjeta telefónica die Telefonkarte **100**
tarta der Kuchen
tasas de aeropuerto die Flughafentaxe
taxi das Taxi **32**
taxista der Taxifahrer
taza die Tasse
tazón die Schale
te dich, dir *(ver gramática)*
té der Tee
teatro das Theater
tecla die Taste
teclear tippen
tejido der Stoff
telefonista der Telefonist, die Telefonistin
teléfono das Telefon **99**; **teléfono móvil** das Handy **101**, **104**
telesilla der Sessellift
televisión der Fernsehen

temperatura die Temperatur; **tomarse la temperatura** die Tem peratur messen
templo der Tempel
temporada die Jahreszeit
temporal vorübergehend
temprano früh
tender ausbreiten
tenedor die Gabel
tener haben; **tener que** müssen
tenis der Tennis
tensión der Blutdruck
tensión alta der hohe Blutdruck
tensión baja der niedrige Blutdruck
tentempié der Imbiss
terminal das Terminal
terminar aufhören
termo die Thermosflasche
termómetro das Thermometer
ternera das Kalb
terraza die Terrasse
terreno de camping der Campingplatz
ti du, dich, dir *(ver gramática)*
tía *(pariente)* die Tante; *(mujer)* das Weib
tibio lauwarm
ticket de compra der Kassenbon
tiempo *(meteorológico)* das Wetter **21**; *(duración)* die Zeit; **mucho tiempo** lang **116**; **hace buen/mal tiempo** es ist gutes/schlechtes Wetter; **todo el tiempo** die ganze Zeit; **tener tiempo para** Zeit haben zu… **76**, **116**
tienda *(comercio)* das Geschäft, der Laden; *(para acampar)* das Zelt
tienda de comestibles das Lebensmittelgeschäft
tierra die Erde; **la Tierra** die Erde
tijeras die Schere
timbre der Stempel
tímido scheu
timo der Nepp
tinto der Rotwein
tintorería die Reinigung
tío *(pariente)* der Onkel; *(hombre)* der Typ
típico typisch
tipo *(clase)* die Sorte; *(hombre)* der Typ; **¿qué tipo de…?** was für…?
tirar werfen; *(a la basura)* wegwerfen
tirita das Pflaster
toalla das Handtuch
tobillo der Knöchel
tocar *(entrar en contacto)* berühren; *(un instrumento musical)* spielen
todavía noch; **todavía no** noch nicht **48**, **116**; **todavía más** noch mehr
todo(a) alles; **todo el tiempo** immer; **todo el mundo** alle; **todo el día** den ganzen Tag; **todo recto** geradeaus
todos(as) alle; **todos los días** jeden Tag
tomar nehmen; **tomar el sol** sich sonnen; **ir a tomar una copa** einen trinken gehen **46**
tomate die Tomate
tontería die Dummheit
tonto dumm
tópico äußerlich
torcer verstauchen; **torcerse el tobillo** sich den Knöchel verstauchen **108**
tormenta das Gewitter, der Sturm
tortilla das Omelett
tos der Husten; **tener tos** Husten haben
toser husten
trabajar arbeiten **16**; **trabajar media jornada** halbtags arbeiten
trabajo die Arbeit
tradición die Tradition
tradicional traditionell
traducir übersetzen
traer mitbringen, bringen **47**
tráfico der Verkehr
traje de baño *(de hombre)* die Badehose; *(de mujer)* der Badeanzug
traje de buzo der Taucheranzug
tranquilidad die Ruhe
tranquilo ruhig
transferencia die Geldüberweisung **94**
tranvía die Straßenbahn
trapo das Wischtuch

trasbordo das Umsteigen **29**
través: a través de durch
tren der Zug **29**
triste traurig
trozo das Stück; **un trozo de...** ein Stück...
tu dein, deine, dein *(ver gramática)*
tú du
tubo de escape der Auspuff
tumbarse sich hinlegen
turista der Tourist, die Touristin
turístico touristisch
tus deine
tuyo(a) dein(e); **los tuyos** die deinen *(ver gramática)*

U

últimamente in der letzten Zeit
último letzte **29**; **en el último momento** im letzten Moment
un ein
una eine
unión: la Unión Europea die Europäische Union
universidad die Universität
uno eins
unos(as) eins
uña der Nagel
urgencia der Notfall; **llamar a urgencias** den Notarzt rufen
urgente dringend **112**
usar benutzen; **de usar y tirar** Einweg-
usted, ustedes Sie, Ihnen *(ver gramática)*
útil nützlich
utilizar benutzen
uva die Traube

V

vaca die Kuh
vacaciones die Ferien; **de vacaciones** im Urlaub **18**
vacío leer
vacuna der Impfstoff
vacunar impfen
vagón *(de tren)* der Waggon
vainllla die Vanille
vale ok, in Ordnung
valer kosten; **vale 10 euros** es kostet zehn euros
válido gültig
valle das Tal
valor der Mut
vaqueros die Jeans
varios(as) mehrere
vaso das Glas; **un vaso de agua** ein Glas Wasser
váter das WC
vaya: ¡que te/le vaya bien! weiterhin alles gute!
veces: a veces manchmal; **pocas veces** selten
vecina die Nachbarin
vecino der Nachbar
vegetariano(a) der Vegetarier, die Vegetarierin
vela *(de cera)* die Kerze; *(de barco)* das Segel
velocidad die Geschwindigkeit; **a toda velocidad** so schnell es geht
vendaje bandage *m*
vender verkaufen; **se vende** zu verkaufen
venir kommen
ventana das Fenster
ventilador der Ventilator
ver sehen
verano der Sommer
verbena der Jahrmarkt
verdad die Wahrheit; **¿verdad?** nicht wahr?
verdadero echt
verde grün
verduras das Gemüse
vestido das Kleid
vestirse sich anziehen
veterinario der Veterinär

vez das Mal **17**; **otra vez** wieder; **en vez de** anstatt; **de vez en cuando** von Zeit zu Zeit; **pocas veces** selten
viajar reisen
viaje die Reise **25**; **¡buen viaje!** gute Reise!
viaje de novios die Hochzeitsreise
viaje organizado die Gruppenreise
vida das Leben
vídeo *(aparato)* der Videorekorder
videocámara die Videokamera
videojuego das Videospiel
vieira die Jakobsmuschel
viejo alt
viento der Wind
vientre der Bauch
viernes Freitag
vigilante die Wache
vigilar überwachen
vinagre das Essig
vinagreta die Salatsoße
vino der Wein; **vino blanco** der Weißwein; **vino tinto** der Rotwein
violación die Vergewaltigung
visado das Visum
visita die Besichtigung, der Besuch; **visita guiada** die Führung **75**
visitar besichtigen; **visitar a** besuchen
vista die Sicht; **vistas al mar** der Blick aufs Meer
viuda die Witwe
viudo der Witwer
vivienda die Wohnung
vivir leben; *(en un sitio)* wohnen
vivo lebendig
vocal der Vokal
volar fliegen
voleibol der Volleyball
volver zurückkommen, zurück sein **102**, **121**; **volver a llamar** zurückrufen
volverse werden; **volverse a ver** sich wiedersehen
vomitar sich übergeben
vosotros(as) sie, ihr *(ver gramática)*
voz die Stimme
vuelo der Flug
vuelta die Rückfahrt
vuestro(a) euer, eure *(ver gramática)*

W

walkman® der Walkman®
whisky der Whisky

Y

y und
ya schon **81**, **118**; **ya que** da
yerno der Schwiegersohn
yo ich
yogur das Joghurt

zanahoria die Karotte
zapatillas deportivas die Turnschuhe
zapatos die Schuhe
zona die Gegend
zoo der Zoo
zoom das Zoomobjektiv
zumo der Saft

DICCIONARIO

ALEMÁN-ESPAÑOL

A

ab desde
Abend tarde, noche; **zu Abend essen** cenar
Abendessen cena
aber pero
Abfahrt salida
Abfahrtszeiten horarios de salida
Abfall basura
abgelaufen caducado
abhängen depender; **es hängt von... ab** eso depende de...
abheben despegar *(avión)*; sacar *(dinero)*
abholen buscar, recoger
Abkürzung atajo
ablehnen negarse, rechazar
abnehmen disminuir, rebajar
abreisen dejar, irse
Absatz tacón
abschicken enviar
Abschleppdienst servicio de grúa
Absender remitente
absichtlich a propósito
Abtei abadía
Abteil compartimiento
Abteilung sección *(de una tienda)*
Achtung! ¡cuidado!
Adapter adaptador
ähneln parecerse a
ähnlich sehen (sich) parecerse
Aids sida
Akzent acento
akzeptieren aceptar
Alkohol alcohol
alle todos, todas, todo el mundo; **alle beide** los dos
allein solo
allergisch alérgico
alles todo
Allgemeinarzt médico de familia
als cuando
also entonces, así que
alt antiguo, viejo
Alter edad
Altstadt barrio antiguo, centro histórico
Aluminiumfolie papel de aluminio
am en, al borde de
Ameise hormiga
Amerikaner, -in americano(a)
amüsieren (sich) divertirse
anbaggern intentar ligar
andere: ein anderer otro; **eine andere** otra; **etwas anderes** otra cosa
anders (als) distinto (de)
anderswo en otra parte
Anfang principio
anfangen empezar
Anfänger principiante
Anfangsbuchstaben iniciales
Angaben señas, dirección
angeln pescar
angenehm agradable
Angina angina
angreifen agredir, atacar
Angst miedo, angustia
anhalten parar, detener
Anhalter: per Anhalter reisen hacer autoestop
Ankerlift percha
ankommen llegar
Ankunft llegada
Anlass ocasión

anmachen encender
anmelden anunciar; **sich anmelden** inscribirse, matricularse
annehmen aceptar
anprobieren probarse *(ropa)*
Anruf llamada *(telefónica)*
Anrufbeantworter contestador automático
anrufen telefonear (a)
anschalten encender *(luz)*
anschauen mirar
anschließen enchufar
Anschluss enlace, correspondencia
anstatt en lugar de
ansteckend contagioso
anstrengen (sich) esforzarse
Anstrengung esfuerzo
Antibiotikum antibiótico
antik antiguo
Antiquität antigüedad
Antwort respuesta
antworten responder
Anzeige noticia, aviso; denuncia
anziehen (sich) vestirse
anzünden encender
Apfel manzana
Apfelmost sidra
Apotheke farmacia
Aprikose albaricoque
April abril
Arbeit trabajo
arbeiten trabajar
Architektur arquitectura
ärgerlich enfadado
ärgern irritar, enfadar
Arm brazo
arm pobre
Armband pulsera
Armbanduhr reloj
Ärmel manga
ärmellos sin mangas
Aroma aroma
Art forma, manera, tipo
artig bueno, obediente
Artikel artículo
artikulieren articular
Arzt médico
Aschenbecher cenicero
Aspirin aspirina
Asthma asma
Atlantik Atlántico
Aubergine berenjena
auch también
auf sobre, encima de
Aufenthalt estancia
aufgeben enviar, facturar *(equipaje)*
aufhören parar, terminar
aufladen recargar, cargar
aufpassen auf vigilar a *(un niño)*
aufräumen ordenar
aufstehen levantarse
aufwachen despertarse
Aufzug ascensor
Auge ojo
Augenblick momento
August agosto
ausdrücken (sich) expresarse
Ausfahrt salida *(de autopista)*
Ausflug excursión
ausfüllen rellenar
Ausgang salida
ausgeben gastar
ausgehen salir
Auskunft información
Auskünfte noticias
Ausland extranjero *(país)*
Ausländer extranjero *(persona)*
ausmachen apagar
Auspuff tubo de escape
ausreichen bastar
ausruhen (sich) descansar
ausschalten desconectar, apagar
aussehen tener aspecto, tener cara de
außer excepto
außergewöhnlich excepcional
außerordentlich extraordinario
Aussichtspunkt mirador
aussprechen pronunciar
aussteigen bajar, desembarcar
Ausstellung exposición

Auster ostra
Ausverkauf rebajas
ausverkauft agotado
Auswahl selección
auswendig de memoria
authentisch auténtico
Auto coche
Autobahn autopista
Autor, -in autor, autora
Avocado aguacate

ß

Baby bebé
Babysitter canguro *(de niños)*
backen cocer, asar
Bäckerei panadería, pastelería
Bad baño
Badeanzug traje de baño
Badehose bañador
Bademeister socorrista
baden bañarse
Badeort balneario
Badezimmer cuarto de baño
Bahnhof estación
Bahnsteig andén
bald pronto; **bis bald** hasta pronto
Balkon balcón
Ball balón, pelota
Band banda, conjunto *(de música)*
Bank banco
Bankkarte tarjeta de crédito
Bankkonto cuenta bancaria
bar: bar bezahlen pagar en efectivo
Bart barba
Basilika basílica
Basketball baloncesto
Batterie batería, pila
Bauarbeiten obras *(de construcción)*
Bauch vientre
Bauernhof granja
Baum árbol
Baumwolle algodón
bedauern sentir, lamentar
bedeckt cubierto, encapotado
bedeuten significar
Bedienung servicio, camarero
beeilen (sich) apresurarse
beeindruckend impresionante
beenden acabar
begleiten acompañar
Begrüßungskuss beso
behindert minusválido, descapacitado
bei en casa, cerca de
Bein pierna
beinahe casi
Beispiel ejemplo; **zum Beispiel** por ejemplo
bekannt conocido
Bekanntschaft: jemnades Bekanntschaft machen conocer a alguien
beklagen (sich) quejarse
belebt animado, concurrido
belegte Brot sándwich,bocadillo
beleidigt ofendido
Beleidigung insulto
Belgien Bélgica
Belgier, -in Belga
bemerken notar, percibir
benachrichtigen prevenir
benutzen utilizar, servirse de
Benzin gasolina
bequem confortable
beraten aconsejar
bereit preparado
Berg montaña
Berghütte refugio de montaña
Beruf profesión, oficio
berühmt famoso
berühren tocar
beschädigt estropeado
beschäftigen ocupar
beschäftigt ocupado
Bescheid: Bescheid wissen (über) estar al corriente (de)
besetzt reservado
besichtigen visitar
Besichtigung visita
besser (als) mejor (que)

bestätigen confirmar *(vuelo)*
beste: die/das/das beste el/la mejor
Besteck cubierto(s), cubertería
bestellen pedir
besuchen visitar
Betäubung anestesia
Betrieb: außer Betrieb fuera de servicio
betrunken borracho
Bett cama
Bettzeug sábana
bevor antes de (que)
bewachen vigilar
bezahlen pagar
bezaubernd encantador
BH sujetador
Biene abeja
Bier cerveza
Bild imagen; foto
billig barato
Binde compresa
binnen: binnen einer Viertelstunde dentro de un cuarto de hora
Birne pera
bis hasta; **bis morgen!** hasta mañana!; **bis nachher!** hasta la vista!; **bis später!** hasta luego!
Biss mordisco
bisschen: ein bisschen un poco (de)
bitte por favor
bitten (um) pedir
bitter amargo
Bitterschokolade chocolate amargo
Blase ampolla *(en la piel)*
blass pálido
Blatt hoja
blau azul
bleiben quedarse
blind ciego
Blinddarmentzündung apendicitis
Blinker intermitente
Blitz destello
blockiert bloqueado
blond rubio
Blume flor
Blumenkohl coliflor
Blut sangre
Blutdruck tensión; **hohe Blutdruck** hipertensión; **niedrige Blutdruck** hipotensión.
bluten sangrar
blutig muy poco hecho
Blutkreislauf circulación *(de la sangre)*
Boden suelo; **auf dem Boden** en el suelo
Bohnen judías
Boiler calentador de agua
Bollwerk murallas
böse malo
Botschaft embajada
Boxershort calzoncillos
Brand incendio
brauchen necesitar
braun marrón, moreno
brav bueno
brechen romper
Brechreiz verspüren tener ganas de vomitar
breit ancho; **breite Strasse** avenida
Bremse freno
bremsen frenar
brennen quemar
Briefkasten buzón
Briefmarke sello
Brieftasche billetera
Briefträger cartero/a
Briefumschlag sobre
Brille gafas
bringen traer
Bronchitis bronquitis
Broschüre folleto
Brot pan
Bruch rotura
Brücke puente
Bruder hermano
Brust pecho
Buch libro
Buchhandlung librería
buchstabieren deletrear
Bügeleisen plancha
bügeln planchar

Bürste cepillo
Bus autobús
Busbahnhof estación de autobuses
Buslinie línea de autobús
Büstenhalter sujetador
Butter mantequilla

campen acampar
Campingplatz camping *(lugar)*
canceln anular
chinesisch chino
Cholesterin colesterol
christlich cristiano
Computer ordenador

D

da *(adv)* ahí; allí; **da oben** ahí arriba
da *(conjunción)* ya que, como
Damentoiletten servicio de señoras
dank gracias a
dankbar agradecido
danke gracias
danken agradecer
dann después
daoben encima
darunter debajo
das el, la, lo; eso, esto *(ver gramática)*
dass que
dasselbe el/la mismo/a
Datum fecha
Dauer duración
dauern durar
Decke manta
Deckel tapón *(de botella)*
dein, deine tuyo, tuya
denken (an) pensar (en)
Denkmal monumento
Deo desodorante
der el, la; ése, éste, ése; el que, la que *(ver gramática)*
deren de quien, de quienes, de que
derselbe el mismo, la misma
Deutsch alemán
Deutsche alemán, alemana
Deutschland Alemania
Dezember diciembre
Diabetist diabetes
Diät régimen
dich te, a ti
dicht serré
die la, el; ese, este, ese; la que, el que *(ver gramática)*
Dieb ladrón
Diebstahl robo
dienen (zu) servir (a)
Dienstag martes
dieselbe la misma
Diesel(kraftstoff) diesel
dieser, diese, dieses este/a; ese/a; aquel(la)
Ding cosa
dir te, a ti
direkt *(adj)* directo; *(adv)* directamente
Disko(thek) discoteca
Donnerstag jueves
Dorf pueblo
dort allí
Dosenöffner abrebotellas
draußen fuera
drehen girar
dringend urgente
drinnen dentro
Droge droga
drohen amenaza
Druck presión *(en los neumáticos)*
du tú
dumm tonto, torpe
dunkel oscuro
dünn flaco
durch a través
Durchfall diarrea
durchschlagen (sich) arreglárselas
Durst sed
Dusche ducha
Duschgel gel de ducha

E

Ebbe marea baja
echt cierto, auténtico; **echt?** ¿es cierto?
Ecke esquina
Ehefrau esposa
Ehemann marido
eher más bien
ehrlich *(adj)* honrado, sincero; *(adv)* francamente
Ei huevo
Eil- urgente
eilig prisa; **es eilig haben** tener prisa
ein, eine un, una
Einbruch robo
Einchecken embarque
einchecken embarcar
Eindruck impresión
einfach simple
Einfall idea
Eingang entrada
einige algunos
Einkäufe compras
einkaufen gehen hacer la compra
Einkaufsbummel ir de compras
Einkaufswagen carrito
Einkaufszentrum centro comercial
einladen invitar
eins uno *(número)*
einschlafen dormirse
Einschreiben carta certificada
einschreiben (sich) matricularse
eintreten entrar
Eintritt entrada
Eintrittskarte ticket, entrada
einverstanden de acuerdo
Einweg- desechable
Einzimmerwohnung estudio *(apartamento)*
Einzugsgebiet afueras
Eis hielo
Eiswürfel cubito
Eiweiß clara de huevo
elegant elegante
elektrisch eléctrico
Elektrorasierer maquinilla eléctrica (de afeitar)
Eltern padres
Empfang recepción
empfangen recibir
Empfänger destinatario
Empfangsdame recepcionista
empfehlen recomendar
empfehlenswert recomendable
Ende final; **gegen Ende** con el fin de
endlich finalmente
England Inglaterra
Engländer, -in Inglés, Inglesa
entdecken descubrir
Ente pato
entfernen quitar
Enthaarungscreme crema depilatoria
entscheiden decidir
entschuldigen (sich) excusarse; **entschuldigen Sie** ¡perdone usted!
Entschuldigung excusa; **Entschuldigung!** ¡perdón!
entspannen (sich) detenerse
enttäuschen decepcionar
enttäuschend decepcionante
entwickeln desarrollar
epileptisch epiléptico
er él
erbauen construir
Erbsen guisantes
Erdbeere fresa
Erde tierra
Erdgeschoss planta baja
Erdnüsse cacahuetes
erfahren aprender
erfinden inventar
Erfolg éxito; **viel Erfolg!** ¡ánimo!
erfreut: sehr erfreut! ¡encantado!
erinnern (sich) acordarse de
erkälten (sich) enfriarse
erkennen reconocer
erklären explicar
erlauben permitir
Ermäßigung rebaja
ermüdend cansado

ernst serio, grave
Ersatzteil pieza de recambio
erschöpft agotado, hecho polvo
erschwinglich asequible
erstaunen sorprender
erste primero
ertragen aguantar
ertrinken ahogarse
Erwachsene adulto
erzählen contar
Erzählung relato
essen comer
Essig vinagre
Esskastanie castaña
etwas algo; **etwas anderes** otra cosa
Europa Europa
europäisch europeo
Europäische Union Unión europea
evangelisch protestante

F

Fabrik fábrica
Fahne bandera
Fähre ferry
fahren ir *(en coche)*, conducir
Fahrgast pasajero
Fahrrad bicicleta
Fahrradkette cadena *(de bicicleta)*
Fahrradweg carril bici
Fahrschein billete
Fall caso; **für den Fall, dass...** en caso de que...
fallen caer; **fallen lassen** dejar caer
falsch falso
Faltblatt folleto
Familie familia
fantastisch fantástico
Farbe color
Fassbier cerveza de barril
fast casi
faszinierend apasionante
Februar febrero
fehlen faltar
Fehler falta, error
feiern estar de fiesta
Feiertag día festivo
fein fin
Feldflasche cantimplora
Felsen peñasco, roca
Fenster ventana
Ferien vacaciones
Ferienlager colonia de vacaciones
Ferkel cerdo
Fernglas prismáticos
fernsehen ver la televisión
Fernseher televisión
fertig preparado, listo
Fest fiesta
Festspiel festival
fett graso
feucht húmedo
Feuchtigkeitscreme crema hidratante
Feuer fuego
Feuerwehr bomberos
Feuerwerk fuegos artificiales
Feuerzeug encendedor
Fieber fiebre
Film película
finden encontrar
Finger dedo
Fisch pescado
Fischhandlung pescadería
flach plano, llano
Fläschchen biberón
Flasche botella
Flaschenöffner abrebotellas, sacacorchos
Fleck mancha
Fleisch carne
Fliege mosca
fliegen volar
Flitterwochen luna de miel
Flucht fuga
Flug vuelo
Flughafen aeropuerto
Flugsteig puerta de embarque
Flugzeug avión
Fluss río

Flut marea alta
folgen seguir
folgend siguiente
Folklore- folclórico
Form forma
Formular formulario
Fortschritt progreso
Fotoapparat cámara fotográfica
fotographieren fotografiar
Frage pregunta; **eine Frage stellen** hacer una pregunta
fragen preguntar
Frankreich Francia
Franzoser, Französin francés, francesa
französisch *(adj)* francés
Frau señora, mujer
Frauenarzt ginecólogo
Fräulein señorita
frei libre
Freitag viernes
Freund, -in amigo, novio; amiga, novia
freundlich amable
Frieden paz
Friedhof cementerio
frisch fresco
Frischgemüse verdura fresca
Frisör peluquero
frittiert frito
froh feliz; **frohe Weihnachten!** ¡feliz Navidad!
Frost hielo
früh temprano
Frühling primavera
Frühstück desayuno
frühstücken desayunar
fühlen notar, palpar
führen guiar, conducir
Führer guía
Führerschein permiso de conducir
Führung visita guiada
füllen llenar
funktionieren funcionar
für para, por
furchtbar terrible
Fuß pie; **zu Fuß** a pie
Fußball fútbol
Fußganger peatón

G

Gabel tenedor
ganz todo, entero, completo
gar en su punto
Garderobe guardarropa
Garten jardín
Gas gas
Gasflasche bombona de gas
Gaspedal acelerador
Gast invitado
Gästezimmer habitación para invitados
Gate puerta *(de aeropuerto)*
Gebäck repostería, pastelería
Gebäude edificio, inmueble
gebildet culto, instruido
Gebirge montaña
geboren: ich bin am.../im Jahre... geboren nací el.../en...
gebraucht de ocasión
gebrochen roto
gebührenpflichtig de peaje
Geburtsname nombre de soltera
Geburtstag cumpleaños; **alles Gute zum Geburtstag!** ¡feliz cumpleaños!
Gedächtnis memoria
geduldig paciente
Gefahr peligro
gefährlich peligroso
Gefallen favor; **einen Gefallen tun** hacer un favor
Gefängnis cárcel, prisión
Geflügel aves (de corral)
Gefühl sentimiento
gegen contra
Gegend región, lugar
Gegenteil contrario; **im Gegenteil** al contrario

gegenüber enfrente
Geheimnis secreto
Geheimzahl número secreto
gehen ir *(a pie)*; **wie geht es Ihnen?** ¿cómo está usted?; **wie geht's?** ¿qué tal?; **es geht mir gut** estoy bien
geimpft sein (gegen) estar vacunado (contra)
gekocht cocido
gelb amarillo
Geld dinero
Geldautomat cajero automático
Geldbeutel monedero
Geldschein billete *(dinero)*
Geldüberweisung transferencia
Gemälde cuadro
Gemüse verdura
genial genial
genug bastante
genügend suficiente
geöffnet abierto
Gepäck equipaje
Gepäckaufgabe facturación
Gepäckausgabe recogida de equipajes
gerade recto
geradeaus todo recto
gerecht justo
Gericht plato
gern ¡con mucho gusto!; **gern geschehen** no hay de que
Geruch olor
gesalzen salado
Geschäft tienda, negocio
Geschenk regalo
Geschichte historia, cuento
geschieden divorciado
Geschirr vajilla; **Geschirr spülen** lavar los platos
Geschlecht sexo
geschlossen cerrado
Geschmack gusto
Geschwindigkeit velocidad
geschwollen hinchado
Gesellschaft sociedad
gestern ayer
gesund sano; **gesund werden** curarse
Gesundheit salud; **Gesundheit!** ¡salud!
Getränk bebida
Getreideflocken cereales
getrennt por separado
Getriebe caja de cambio
Gewalt violencia
gewinnen ganar
gewiss cierto, tal
Gewitter tormenta
Gewohnheit costumbre
gewöhnlich generalmente
Gewürz especia
gezuckert azucarado
Gipfel cima
Gipsverband escayola
Gitarre guitarra
Glas vaso
glauben creer
gleich *(adv)* enseguida; **gleich bezahlen** pagar al contado
gleich *(adj)* igual; **das Gleiche** lo mismo
Glück suerte; **viel Glück!** ¡buena suerte!; **auf gut Glück** a la buena de Dios
glücklich feliz
glücklicherweise afortunadamente
Glühbirne bombilla
Gold oro
golden de oro
goldig encantador
Golfspiel golf
gotisch gótico
Gottesdienst misa
Gramm gramo
Grammatik gramática
Grapefruit pomelo
Gras hierba
grau gris
Grenze frontera
Grieche, Griechin griego, griega

Griechenland Grecia
griechisch griego
Grill parrilla
Grillfest barbacoa
Grippe gripe
groß grande; **groß werden** crecer
grossartig magnífico
Grossbritannien Gran Bretaña
Grösse tamaño, talla; número *(de zapato)*
grün verde
Grund fondo
grüne Bohnen judías verdes
Gruppe grupo
gültig válido
Gurke pepino
Gürtel cinturón
gut bien, bueno; **guten Abend** buenas tardes; **guten Morgen** buenos días *(por la mañana)*; **guten Tag** buenos días *(al mediodía)*
Gymnasium instituto de enseñanza media

H

Haar pelo
Haartrockner secador de pelo
haben tener, haber
Hafen puerto
halb medio; **eine halbe Stunde** media hora; **ein halber Liter** medio litro
Halbfettmilch leche semidesnatada
Halbpension media pensión
Hälfte mitad
Hallo! ¡hola!
hallo ¿dígame?
Hals cuello, garganta
Halsband collar
Halstuch pañuelo
Halt alto, parada
halten sujetar
Haltestelle parada
Hand mano
Handbremse freno de mano
Handgelenk muñeca
Handgepäck equipaje de mano
Händler comerciante
Handschuh guante
Handtasche bolso
Handtuch toalla
Handy teléfono móvil
Häring piqueta *(de tienda)*
hart duro
Hartwurst salchichón
Haselnuss avellana
hassen odiar
hässlich feo
Haupt- principal
Haus casa
Haushalt casa
Haut piel
Heft cuaderno
heilen curarse
heiss caliente
heissen llamarse
Heizung calefacción
helfen ayudar
hell claro
hellblau azul claro
Helm casco
Hemd camisa
herausgeben devolver el cambio
herausstellen sacar
Herbst otoño
Herdplatte placa
Herkunft origen
Herr señor
Herrentoiletten servicio de caballeros
hervorragend excelente
Herz corazón
Herzinfarkt crisis cardiaca
herzkrank enfermo del corazón
herzlich afectuoso; **herzlichen Glückwunsch!** ¡felicidades!
Heuschnupfen rinitis alérgica
heute hoy; **heute abend** esta tarde
heutzutage hoy en día
hier aquí

Hilfe ayuda, socorro; **Hilfe!** ¡socorro!
Himbeere frambuesa
Himmel cielo
hineingehen entrar
Hinfahrt viaje de ida
hinten in detrás de
hinter detrás
Hin-und Rückfahrt viaje de ida y vuelta (*tren, autobús*)
Hin-und Rückflug viaje de ida y vuelta (*avión*)
Hitze calor
hoch alto
Hochzeit boda
Hochzeitsreise viaje de novios
Hochzeitstag aniversario de boda
hoffen esperar
höflich educado
holen ir a buscar
Holland Holanda
Holländer, -in Holandés(esa)
Holz madera, leña
Homöopathie homeopatía
Honig miel
hören escuchar, oír
Hose pantalón
hübsch bello, bonito
Hüfte cadera
Hügel colina
Huhn gallina
Hühnchen pollo
Hülsenfrüchte legumbres secas
Hummer bogavante
Hund perro
Hunger hambre
husten toser
Hut sombrero

I

ich yo
Idee idea
idiotisch idiota
Imbiss tentempié
immer siempre
impfen vacunar
in en, dentro
inbegriffen incluido *(servicio, seguro)*
Inlineskates patines (en línea)
innen en el interior
Insekt insecto
Insektengift insecticida
Insel isla
Installatör fontanero
irgendetwas cualquier cosa
irgendwo en algún sitio
irren (sich) equivocarse
Irrtum error
Italien Italia
Italiener, -in Italiano(a)
italienisch italiano

J

ja sí
Jacke cazadora, chaqueta
Jahr año; **ich bin 22 Jahre alt** tengo 22 años
Jahreszeit estación, temporada
Jahrhundert siglo
Jahrmarkt feria
Jakobsmuschel vieira
Januar enero
Japan Japón
Japaner, -in Japonés(esa)
Jeans vaquero
jedenfalls de todas formas, de todas maneras
jeder cada uno
jeder, jede, jedes cada
jedesmal cada vez
jemand alguien
jetzt ahora
Job trabajo
Joghurt yogur
jucken picar
Jugendherberge albergue juvenil

Jugendliche adolescente
Juli julio
jung joven
Junge chico
Juni junio

K

Kaffee café
Kaffeelöffel cucharilla de café
Kai muelle
Kajak kayak
Kalb ternera
kalt frío, fresco
Kamin chimenea
Kamm peine
Kaninchen conejo
Kapelle capilla
kaputt estropeado
Karies caries
Karte carta, tarjeta
Kartoffel patata
Käse queso
Kasse caja registradora
Kassenbon ticket de caja
Kater resaca
katholisch católico
Katze gato
kaufen comprar
Kaufhaus grandes almacenes
Kaugummi chicle
kaum apenas
kein, keine ninguno(a), no; **keine Ahnung** ni idea
Keks galleta
Kellner, -in camarero(a)
kennen conocer
Kerze vela
Kette cadena
Kichererbsen garbanzos
Kind niño
Kinderwagen cochecito
Kinn barbilla
Kino cine
Kirche iglesia
Kirchenfenster vidrieras
Kirsche cereza
Kissen almohada
Kissenbezug funda de almohada
Kiste caja
klassisch clásico
Klebeband cinta adhesiva
Klebstoff cola
Kleid vestido
Kleiderbügel percha
Kleidung ropa
Kleidungsstück prenda (de vestir)
klein pequeño
Kleingeld dinero suelto
Klempner fontanero
Klimaanlage climatización
Klippe acantilado
Kloster monasterio
Kneipe bar
Knie rodilla
Knoblauch ajo
Knöchel tobillo
Knochen hueso
Knopf botón *(de ropa)*
kochen cocinar
Kochtopf cazuela
koffeinfrei descafeinado
Koffer maleta
Kofferraum maletero *(de coche)*
Kohl col
kommen venir
König rey
Königin reina
können poder, ser capaz
Konservendose lata de conserva
kontaktieren contactar
Kontaktlinsen lente de contacto
Konzertsaal sala de concierto
Kopf cabeza
Kopfsalat lechuga
Kopfschmerzen dolor de cabeza
Korken corcho
Körper cuerpo
kosten costar, valer

kostenlos gratis
köstlich delicioso
Krabbe gamba
krank enfermo; **krank werden** caer enfermo
Krankenhaus hospital
Krankenschwester enfermera
Krankenwagen ambulancia
Krankheit enfermedad
Kräutertee infusión
Krebs cangrejo
Kreditkarte tarjeta de crédito
Kreisverkehr rotonda
Kreuz cruz
Kreuzfahrt crucero
Krieg guerra
kritisieren criticar
Krug jarra
Küche cocina
Kuchen pastel, tarta
Küchenchef cocinero
Küchenschabe cucaracha
Kuh vaca
Kühlschrank frigorífico
Kummer peine
Kunst arte
Künstler artista
Kunstwerk obra de arte
Kupfer cobre
Kupplung embrague
kurz corto; **kurz davor sein, etwas zu tun** estar a punto de hacer algo; **kurz vorher** un poco antes; **kurze Hose** pantalón corto
kurzärmelig en manga corta
Kusin, -e primo(a)
Küste costa

L

lächeln sonreír
lachen reír
Lachs salmón
Laden tienda
Lage situación
Laken sábana
Lamm cordero
Land tierra, terreno, país
Landschaft paisaje
lang largo; mucho tiempo
langsam lentamente, despacio
Languste langosta
langweilen (sich) aburrirse
Laptop ordenador portátil
Lärm ruido
Lastwagen camión
Lauch puerro
Laut sonido
laut alto, fuerte
lauwarm tibio
Leben vida
leben vivir
lebendig vivo
Lebensmittelgeschäft tienda de comestibles
Lebensmittelvergiftung intoxicación alimentaria
Leber hígado
Leberwurst paté de hígado
Leder cuero
ledig soltero
leer vacío
Leerung recogida *(de correo)*
legen poner
Lehrer profesor
leicht fácil, ligero
leid: es tut mir leid lo siento
leiden sufrir
leihen pedir prestado, prestar
leise en voz baja, suavemente
Leitung dirección
Leitungswasser agua sin gas, agua corriente
lernen aprender
lesen leer
letzte último
Leuchtturm faro *(torre)*
Leute la gente
Licht luz

Liebe amor
lieben amar
Lieblings- preferido
Lied canción
Likör licor
Limette lima
links a la izquierda
Linsen lentejas
Lippe labio
Lippenstift barra de labios
Liter litro
Loch agujero
Löffel cuchara
lohnen: es lohnt sich vale la pena
Luft aire
Luftfahrtgesellschaft compañía aérea
Luftmatratze colchoneta
Luftpost: per Luftpost por avión
Luftpumpe bomba, inflador
lügen mentir
Lunge pulmón
Lust ganas
lustig gracioso
Luxemburg Luxemburgo
Luxemburger, -in Luxemburgués(esa)
Luxus lujo

M

machen hacer; **macht nichts** mala suerte
Mädchen chica
Magen estómago
mager flaco
Magermilch leche desnatada
Mahlzeit comida
Mai mayo
Mais maíz
Mal vez
Maler pintor
Malerei pintura
man se
manchmal a veces
Mandel almendra
Mangel falta
Mann hombre
Mannschaft equipo, tripulación
Mantel abrigo
Markt mercado
Marmelade mermelada
März marzo
Material material
Matratze colchón
Mauer pared, muro
Maus ratón
Mautstelle peaje
Meer mar
Meeresfrüchte marisco
Mehl harina
mehr (als) más (que)
mehrere varios(as)
Mehrwertsteuer IVA
mein, meine mi, mío, mía
meinen querer decir
Meinung opinión
meisten la mayor parte (de)
Meisterwerk obra maestra
Meldung noticia, mensaje; denuncia
Melone melón
Messe feria
Messer cuchillo
Meter metro
Metzgerei carnicería
mich me
Miesmuscheln mejillones
Miete alquiler
mieten alquilar
Mikrowelle microondas
Milch leche
Milchkaffee café con leche
Milchschokolade chocolate con leche
mindestens por lo menos
mir me
mischen mezclar
Missverständnis malentendido
mit con
mitbringen traer
Mitglied miembro, socio
Mitnehmen: zum Mitnehmen para llevar

mitnehmen acompañar, llevar
Mittag mediodía; **zu Mittag essen** comer
Mittagessen comida
Mittagsschlaf siesta
Mitte medio
mitteilen comunicar
Mittel medio
mittel medio
Mittelalter Edad Media
mittelalterlich medieval
Mittelmeer mar Mediterráneo
mitten in en medio de
Mitternacht medianoche
Mittwoch miércoles
modisch de moda
Mofa ciclomotor
möglich posible
momentan por el momento
Monat mes
Mond luna
Montag lunes
Morgen mañana
morgen mañana; **morgen abend** mañana por la tarde; **morgen früh** mañana por la mañana
Moschee mezquita
Moskito mosquito
Moslem musulmán
Motor motor
Motoröl aceite *(para el coche)*
Motorrad moto
Motorroller scooter
Mountainbike bicicleta de montaña
Möwe gaviota
müde cansado
Mühle molino
Mülleimer cubo de basura
Müllsack bolsa de basura
Mülltonnen basuras
Multiticket abono
Mund boca
Münze moneda
Muschel concha
Museum museo
Muskel músculo
muslimisch musulmán
müssen deber, tener que
Mut valor
Mutter madre
Mütze gorro

N

nach después de, hacia; **nach und nach** poco a poco
Nachbar vecino
Nachmittag tarde
Nachname apellido
nachprüfen comprobar
Nachricht noticia; mensaje; **die Nachrichten** los informativos
nachschicken reenviar
Nachspeise postre
nächste siguiente, más próximo
Nacht noche
Nachtclub discoteca
Nachthemd camisón
Nachtisch postre
nackt desnudo
Nagel uña
Nagelknipser cortaúñas
nah cercano
Nahrung comida, alimento
Name nombre
Nase nariz
nass mojado
natürlich naturalmente, por supuesto
Nebel niebla
neben al lado de
nehmen tomar
nein no
Nepp timo
nett amable
neu nuevo, reciente
neugierig curioso
Neujahr Año Nuevo
neulich el otro día
nicht no

Nichtraucher no fumador
nichts nada
nie jamás, nunca
niemand nadie
Niere riñón
nirgendwo en ningún sitio
noch todavía; **noch mehr** todavía más; **noch nicht** todavía no
Nonne religiosa, monja
Nordsee mar del Norte
Not urgencia
Notausgang salida de emergencia
Notfall urgencia; **im Notfall** en caso de emergencia
nötig necesario; **nötig haben** necesitar
November noviembre
Nudeln pasta
null cero
Nummer número
nur sólo, solamente
nützlich útil

O

oben arriba
Objektiv objetivo *(fotográfico)*
Obst fruta
obwohl aunque
oder o
Ofen horno
offensichtlich evidente
öffentlich público
öffnen abrir
Öffnungszeiten horario de apertura
oft a menudo
ohne sin
Ohnmacht desmayo
ohnmächtig werden desmayarse
Ohr oreja
Ohrringe pendientes
Oktober octubre
Öl aceite
Onkel tío
Oper ópera
operieren operar; **operiert werden** operarse
Optiker óptico
orangenfarben naranja
Orangensaft zumo de naranja
Orchester orquesta
Ordnung orden
organisieren organizar
Orientierungspunkt punto de referencia
originell original
Ort sitio; **vor Ort** en el lugar
Ortszeit hora local
Ostern Pascua
Österreich Austria
Österreicher, -in Austríaco(aca)
östlich (von) al este (de)
Ostsee mar Báltico
Ozean océano

P

Päckchen paquete
packen hacer las maletas
packend apasionante
Packung paquete
Palast palacio
Papier papel
Papiertaschentuch kleenex®
Paprika pimiento rojo
parken aparcar
Parkplatz (plaza de) aparcamiento
Passagier pasajero
passieren pasar, ocurrir
Pastete paté
Pauschalpreis forfait
Pause pausa, entreacto
Peperoni guindilla
perfekt perfecto
Personalausweis carné de identidad
persönlich personal
Pfad sendero
Pfanne sartén
Pfarrer cura, sacerdote

Pflaume ciruela
Pfeffer pimienta
Pfeife pipa
Pfeil flecha
Pferd caballo
Pfirsich melocotón
Pflanze planta
Pflaster tirita
Pflegemilch leche hidratante
Pickel grano *(en la piel)*
picknicken hacer picnic
Pille píldora
Pilz champiñón
Pinzette pinzas de depilar
Plakat cartel
planen planear, prever
Plastiktüte bolsa de plástico
platt plano, llano; pinchado *(rueda)*
Platte disco, bandeja
Plattenhändler tienda de discos
Platz plaza, sitio
platzen lassen pinchar
plaudern charlar
Po culo
Polizei policía *(cuerpo)*
Polizeiwache comisaría
Polizist policía *(persona)*
Pommes frites patatas fritas
Portugal Portugal
Portugiese, Portugiesin Portugués(esa)
Post correo
Postamt oficina de correos
Postfach apartado de correos
Postkarte tarjeta postal
Postleitzahl código postal
Praktikum prácticas, curso, cursillo
praktisch práctico
Präservativ preservativo
Preis precio
Preisnachlass descuento
privat privado
pro por
probieren probar
Produkt producto
Prospekt prospecto
Prost! ¡salud!
protestantisch protestante
Prozent tanto por ciento
Prozession procesión
Publikum público
Pulver polvo
Punkt punto
pünktlich puntual
Pute pavo
putzen limpiar, fregar

Qualität calidad
Quittung recibo

R

Rad rueda
rasieren (sich) afeitarse
Rasierer maquinilla de afeitar
Rasierklinge cuchilla de afeitar
Rasierschaum espuma de afeitar
Rat consejo
Rathaus ayuntamiento
rauchen fumar
Raucher fumador
Raum espacio, sitio; habitación
Rechnung cuenta, factura
Recht derecho
rechts a la derecha
reden hablar, decir
reduziert rebajado
Regelblutung regla
Regen lluvia
Regenmantel impermeable
Regenschirm paraguas
regnen llover
reich rico
reif maduro
Reifen neumático
Reinigung tintorería

Reis arroz
Reise viaje
Reiseandenken recuerdo, souvenir
Reisebüro agencia de viajes
Reisebus autocar
reisen viajar
Reisepass pasaporte
Reisescheck cheque de viaje
Reißverschluss cremallera
Rentner jubilado
reparieren reparar; **reparieren lassen** hacer reparar
Reserverad rueda de repuesto
reservieren reservar
reserviert reservado
Rest resto
Rettungswagen ambulancia
Rezension reseña, crítica
Rezept receta
Rezeption recepción
R-Gespräch llamada a cobro revertido
Rheumatismus reuma
richtig exacto
Richtung dirección, sentido
riechen oler
Riegel cerrojo
Rind carne de vaca/buey
Ring anillo
Rippe costilla
Risiko riesgo
Rock falda
roh crudo
Rollerblades patines
Rollstuhl silla de ruedas
romanisch novela
romantisch romántico
Röntgen rayos X, radiografía
rosafarben rosa *(adj)*
Rose rosa *(n)*
Roséwein vino rosado
Rosinen pasas
rot rojo
rote Ampel semáforo rojo
rothaarig pelirrojo
Rotwein vino tinto
Rücken espalda
Rückfahrt vuelta
Rucksack mochila
Rückschein acuse de recibo
Rückwärtsgang marcha atrás
rufen llamar
Ruhe silencio, calma
Ruhestand jubilación
ruhig calmado, tranquilo
Rum ron
Rund- circular

S

Saal sala
Sache cosa
Saft zumo de fruta
sagen decir
Sahne nata
Salat ensalada
Salatsoße vinagreta
Salbe pomada
Salz sal
Samstag sábado
Sand arena
Sandalen sandalias
satt harto; **etwas satt haben** estar harto de algo
Satz frase
sauber limpio
Säugling bebé, recién nacido
Schachspiel ajedrez
Schachtel paquete
schade: das ist schade es una pena; **wie schade!** ¡qué pena!
Schal bufanda, fular
Schale tazón
schälen pelar *(la fruta)*
Schalentiere crustáceos
scharf picante
Schatten sombra
schätzen gustar, estimar

Schauspiel espectáculo
Schauspieler, -in actor, actriz
Scheck cheque
scheinen parecer; **es scheint, dass...** parece que...
Scheinwerfer faro
Schenkel muslo
schenken regalar
Schere tijeras
scherzen bromear
schicken enviar
schieben empujar
Schiff barco
Schild cartel
schimpfen regañar
Schimpfwort taco, palabrota
Schinken jamón
Schlaf sueño
Schlafanzug pijama
schlafen dormir; **mit jemanden schlafen** acostarse con alguien
Schlaflosigkeit insomnio
Schlafmittel somnífero
Schlafsack saco de dormir
Schlafwagen coche cama
Schläger raqueta
Schlamm barro
Schlange cola, fila; **Schlange stehen** hacer cola
Schlauch cámara de aire
schlecht mal, malo
schließen cerrar
schließlich finalmente
schlimm grave
schlimmer peor; **das ist schlimmer als...** es peor que...
Schloss castillo, cerradura
Schlupfwinkel guarida
Schluss final
Schlüssel llave
schmackhaft bueno, sabroso
Schmerz dolor; **Schmerzen haben** doler
Schmuck joyas
Schmuckgeschäft joyería
schmutzig sucio; **sich schmutzig machen** ensuciarse
schnarchen roncar
Schnee nieve
schneiden cortar
schneien nevar
schnell rápido
Schnellrestaurant restaurante de comida rápida
Schnupfen resfriado
Schnurrbart bigote
Schnürsenkel cordones
Schock choque, shock
Schokolade chocolate
schon ya
schön guapo, bello
schrecklich terrible, espantoso
schreiben escribir
Schreibwarengeschäft papelería
Schuhe zapatos
Schuhgrösse número *(de zapato)*
Schuld culpa, deuda
Schule colegio
Schulter hombro
schützen proteger
schwach débil
Schwamm esponja
schwanger embarazada
Schwanz cola
schwarz negro
schwarzweiß blanco y negro
Schwein cerdo
schwer duro, difícil
Schwester hermana
schwierig difícil
Schwierigkeit dificultad
Schwimmbad piscina
Schwimmen natación
schwimmen nadar
Schwimmring boya
schwitzen sudar
See lago
seekrank: seekrank sein marearse en barco
Segelboot barco de vela

sehen ver
sehr muy, mucho
Seide seda
Seife jabón
sein ser
sein, seine su, suyo
seit desde
Seite lado
selbst incluso; **selbst wenn** incluso si
selbstständig independiente
selten raro, raramente
seltsam raro, extraño
Sendung emisión, envío
Senf mostaza
sensibel sensible
September setiembre
Servolenkung dirección asistida
Sessellift telesilla
setzen poner; **sich setzen** sentarse
sicher seguro
Sicherheit seguridad
Sicherheitsgurt cinturón de seguridad
Sicherung fusible
Sicht vista
Sichtvermerk visado
sie él, ellos, ella, ellas
Sie usted, ustedes
Silber plata
singen cantar
Sinn sentido *(significado)*
Sirup jarabe
Sitz asiento, butaca
skandalös escandaloso
Ski esquí; **Ski laufen** esquiar
Skilift remontes mecánicos
Skischuhe botas de esquiar
Skistock bastones de esquiar
Skulptur escultura
sobald tan pronto como…
Socken calcetines
sofort enseguida
sogar incluso
Sohn hijo
Sommer verano
Sonderangebot promoción
Sonne sol
sonnen (sich) tomar el sol
Sonnenbrille gafas de sol
Sonnencreme crema solar
Sonnenschirm sombrilla
Sonnenstich insolación
Sonntag domingo
sonst si no
Sorge preocupación; **sich Sorgen machen** preocuparse
sorgen (für) ocuparse (de)
Sorte tipo
Soße salsa
sowieso de todas formas
Spanien España
Spanier, -in Español(a)
spät tarde
spazieren pasearse
Spaziergang paseo
speichern guardar
Speisekarte menú, carta
Speiselokal restaurante
Spezialität especialidad
speziell especial
Spiegel espejo
Spiel juego, partido
spielen jugar
Spielkarte carta *(para jugar)*
Spielzeug juguete
Spinat espinacas
Spinne araña
Spitzname apodo
sportlich deportivo
Sprache idioma, lengua
sprechen hablar
Spritze inyección
Sprudel- con gas
Spülmaschine lavavajillas *(aparato)*
Spülmittel lavavajillas *(detergente)*
Staat estado
Staatsangehörigkeit nacionalidad
Stadion estadio
Stadt ciudad

Stadtzentrum centro de la ciudad
stammen: stammen aus... ser originario de...
ständig siempre
stark fuerte
Stau atasco
Steckdose enchufe
stehen bleiben pararse
stehlen robar
Stein piedra
stellen poner
sterben morir
Stereoanlage cadena *(de música)*
Steuer impuesto
steuerfrei libre de impuestos
Stich picadura de insecto
Stiefel bota
Stil estilo
Stimme voz
Stimmung ambiente
Stirn frente
stockend pararse, detenerse
Stockwerk piso, planta
Stoff tejido
stolz (auf) orgulloso (de)
stören molestar
Stoßstange para choques
Strafzettel multa
Strand playa
Strandschuhe chanclas
Straße calle
Straßenbahn tranvía
streichen anular
Streichholz cerilla
streiten (sich) pelearse
Stromzähler contador eléctrico
Strumpfhose medias
Stück trozo
Student estudiante
studieren estudiar
Studium estudios
Stufe escalón, peldaño
Stuhl silla
stumm mudo
Stunde hora, clase
Stundenplan horarios
stützen: sich auf etwas stützen apoyarse en algo
suchen buscar
Superkraftstoff súper *(gasolina)*
Supermarkt supermercado
Suppe sopa
Suppenlöffel cuchara sopera
Surfbrett tabla de surf
Surfen surf
surfen hacer surf; navegar *(en internet)*
süß dulce
sympathisch simpático
Synagoge sinagoga

T

Tabak tabaco
Tabakgeschäft estanco
Tablette pastilla, comprimido
Tag día
Tagesgericht plato del día
Tal valle
Tankstelle estación de servicio
Tanz baile
tanzen bailar
Tasche bolsillo
Taschenlampe linterna
Taste botón *(de un aparato)*, tecla
Tatsache hecho
tatsächlich verdadero
taub sordo
Taube paloma
Tauchen buceo, submarinismo
tauchen bucear, hacer submarinismo
Taucheranzug traje de buzo
tauschen cambiar
Taxifahrer taxista
Tee té
Teebeutel bolsita de té
Teil parte
teilen partir

Telefonbuch listín
Telefonist, -in telefonista
Telefonkarte tarjeta telefónica
Telefonnummer número de teléfono
Telefonzelle cabina telefónica
Teller plato
Tempel templo
Teppich alfombra
Termin cita; **einen Termin ausmachen** pedir una cita
teuer caro
Theater teatro
Theaterstück obra de teatro
Thermometer termómetro
Thermosflasche termo
Thunfisch atún
tief profundo
Tiefkühl- congelado
Tiefkühlkost alimentos congelados
Tiefkühlschrank congelador
Tier animal
Tierarzt veterinario
tippen escribir a máquina, teclear
Tisch mesa
Tochter hija
toll genial, magnífico; **toll finden** adorar
Ton sonido, tono *(n)*
Torte tarta
tot muerto
töten matar
Touristenbüro oficina de turismo
tragen llevar
trampen hacer autoestop
Traube uva
Traum sueño
träumen soñar
traurig triste
treffen encontrar
trennen separar
Treppe escalera
Trick truco
trinkbar potable
trinken beber
Trinkgeld propina
trocken seco
trocknen secar
Tropfen gotas
trotzdem sin embargo
Tschüss! ¡hasta luego!
tun hacer
Tür puerta
Turm torre, campanario
Turnschuhe zapatillas de deporte
Typ tipo
typisch típico

U

U-Bahn metro
U-Bahnlinie línea de metro
U-Bahnstation estación de metro
Übelkeit náuseas; **Übelkeit empfinden** tener náuseas
über sobre, encima de
überall por todas partes
überfahren atropellar; **überfahren werden** ser atropellado
überführen repatriar
überfüllt repleto, lleno
übergeben (sich) vomitar
überhaupt nicht en absoluto
überlegen pensar
übermorgen pasado mañana
überqueren cruzar
Überraschung sorpresa
übersetzen traducir
überwachen vigilar
übrigens además
Uhr reloj
um *(preposición)* alrededor de, por
um: *(conjunción)* **um etwas zu machen** para hacer cualquier cosa
umarmen abrazar
umbringen matar
umdrehen dar la vuelta, volver
Umgebung: in der Umgebung en los alrededores
umkehren dar media vuelta, volver
umkippen derribar, volcar

Umkleidekabine probador
Umsteigen correspondencia, enlace
umziehen (sich) cambiarse
Umzug procesión
unabhängig independiente
unangenehm desagradable
unbekannt desconocido
und y
Unfall accidente
ungefähr más o menos
unglaublich increíble
unglücklicherweise desgraciadamente
unhöflich maleducado
Universität universidad
unmöglich imposible
unnötig inútil
unscharf borroso
unser, unsere nuestro, nuestra
Unsinn tonterías
unten abajo
unter debajo, entre
unterbringen alojar
unterhalb (von) debajo (de)
unterhalten (sich) divertirse
unterhaltsam divertido
Unterhose calzoncillos, bragas
Unterricht clase, lección
unterschreiben firmar
Unterwäsche ropa interior
unvergesslich inolvidable
Unwetter tormenta

V

Vater padre
Vegetarier, -in vegetariano(a)
Ventilator ventilador
verabreden (sich) quedar; **verabredet sein (mit)** tener una cita (con)
Verabredung cita
Veranstaltungkalender guía de espectáculos
verärgert enfadado
Verband vendaje
verboten prohibido
verbrennen (sich) quemarse
Verbrennung quemadura
verbringen pasar
Verdauung digestión
verderben estropear
verdienen ganar
Vereinigte Königreich Reino Unido
Vereinigten Staaten Estados Unidos
verfahren (sich) perderse
Vergangenheit pasado
vergessen olvidar
Vergewaltigung violar
Vergnügungspark parque de atracciones
vergoldet dorado
verheiratet casado
Verhütungsmittel anticonceptivo
verkaufen vender; **zu verkaufen** en venta, se vende
Verkäufer, -in vendedor(ora)
Verkehr circulación, tráfico
verlassen abandonar, dejar
verlaufen (sich) perderse *(andando)*
verleihen prestar
verletzt herido
verlieren perder
verlobt prometido
vermieten alquilar
Vermietung alquiler
vernünftig razonable
verpassen perder
verrückt loco
Versammlung reunión
verschlimmern (sich) empeorar
verschmutzen ensuciar
verschwinden desaparecer
Versicherung seguro
versilbert plateado
verspätet retrasado, con retraso
Verspätung retraso
versprechen prometer
verstauchen: sich den Knöchel verstauchen torcerse el tobillo

verstehen comprender; **sich gut/schlecht mit jemandem verstehen** llevarse bien/mal con alguien
verstopft estreñido
versuchen probar, ensayar
Vertrag contrato
Vertrauen confianza
verwenden utilizar
verzehren consumir
Verzeihung perdón
verzichten auf renunciar a
Videofilm (película de) vídeo
Videokamera cámara de vídeo
Videokassette cinta de vídeo
Videospiel juego de vídeo
viel mucho; **viel mehr** mucho más; **vielen Dank** muchas gracias
vielleicht quizás
Viertel barrio, cuarto
viertel: viertel vor menos cuarto
Viertelstunde cuarto de hora
Visitenkarte tarjeta de visita
Vogel pájaro
Vokal vocal
voll lleno, completo; **voll von** lleno de
völlig completamente
Vollkaskoversicherung seguro a todo riesgo
vollkommen perfecto
Vollmilch leche entera
Vollpension pensión completa
volltanken llenar el depósito *(de gasolina)*
Volltarif tarifa completa
von de
vor delante de, antes de; **vor zwei Jahren** hace dos años
voraus: im Voraus por adelantado
vorbereiten preparar
vorbestellen reservar
Vorder- *(+ nom)* delantero, anterior
vorgestern anteayer
vorhaben zu tener la intención de
vorher con antelación
vorhergehend precedente, anterior
vorhersagen prever
Vorname nombre (de pila)
Vorschau tráiler
vorschlagen proponer
vorsichtig prudente
Vorspeise entrada
Vorstadt afueras
vorstellen presentar
vorübergehend temporal
Vorwahl prefijo
Vorwärtsgang marcha adelante
vorzeitig prematuro
vorziehen preferir

Wache vigilante, guardia
wagen atreverse a
Waggon vagón, coche *(de un tren)*
Wahl elección
wählen elegir
während durante
wahrscheinlich probable
Währung moneda
Wald bosque
Walnuss nuez
Wand pared, tabique
wandern caminar, hacer una excursión
Wanderschuhe botas de andar
Wanderung senderismo
wann cuando; **wann kommt er?** ¿cuándo viene?
Ware mercancía
warm caliente
Wärme calor
warten (auf) esperar
warum ¿por qué?
was qué; **was für ein Hotel?** ¿qué tipo de hotel?
Waschbecken lavabo
Waschbeutel neceser
Wäsche: schmutzige Wäsche ropa sucia
waschen lavar
Waschlappen manopla de baño

Waschmaschine lavadora
Waschpulver detergente
Waschsalon lavandería
Waschzeug objetos de aseo
Wasser agua
wasserdicht impermeable
Wasserhahn grifo
Wassermelone sandía
Wasserski esquí náutico
Wasserspülung cisterna
Watte algodón
Website sitio Web
Wechselkurs tasa de cambio
wechseln cambiar
wecken despertar
Wecker despertador
weder... noch... ni... ni...
Weg camino, ruta
wegen por causa de
weggehen irse, partir
wegwerfen tirar a la basura
Weihnachten Navidad
weil porque
Wein vino
Weinbrand brandy
weinen llorar
weiß blanco
Weißwein vino blanco
weit (von) lejos (de)
weiter- *(+ verbo)* seguir
weiterhin: weiterhin alles Gute! ¡que todo vaya bien!
welcher, welche, welches qué; cuál; el cual, la cual
Welle ola
Welt mundo
wenig poco (de); **weniger (als)** menos (que)
wenn cuando, aún cuando
wer quién; **wer spricht da, bitte?** ¿con quién hablo, por favor?
Werbung publicidad
werden volverse
werfen tirar
Werkstatt garaje, taller
Wespe avispa
westlich (von) al oeste (de)
Wetter tiempo
Wettervorhersage previsión meteorológica
wichtig importante
wie cómo; **wie viel** cuánto(s)
wieder de nuevo
wiederholen repetir
wiedersehen (sich) volver a verse; **auf Wiedersehen** adiós
wild salvaje
willkommen bienvenido
Wind viento
Windel pañal
Windschutzscheibe parabrisas
Windsurfbrett tabla de windsurf
Winter invierno
wir nosotros
wirklich realmente
Wirklichkeit realidad; **in Wirklichkeit** en realidad
Wissen conocimientos
wissen saber
Wissenschaft ciencia
Witwer, Witwe viudo, viuda
Witz broma
wo dónde
Woche semana
Wochenende fin de semana
woher de dónde
wohin adónde
wohnen vivir, habitar
Wohnmobil autocaravana
Wohnung casa, piso
Wohnwagen caravana
Wohnzimmer salón, cuarto de estar
Wolke nube
Wolle lana
wollen querer
Wort palabra
Wörterbuch diccionario
Wunde herida
wunderbar maravilloso
Wundgaze gasa *(vendaje)*

Wunsch deseo
Würfel dado
Wurst salchicha
Wurstwaren charcutería *(productos)*
Wurstwarengeschäft charcutería *(tienda)*
Wüste desierto
wütend enfadado

Z

Zahl número
zahlen pagar
zählen (auf) contar con
Zahn diente
Zahnarzt dentista
Zahnbürste cepillo de dientes
Zahnfüllung empaste
Zahnpasta dentífrico, pasta de dientes
Zahnweh dolor de muelas
Zäpfchen supositorio
Zeichentrickfilm dibujos animados
Zeichnung dibujo
zeigen enseñar
Zeit tiempo; **von Zeit zu Zeit** de tanto en tanto
zeitgenössisch contemporáneo
Zeitschrift revista
Zeitung periódico
Zeitungskiosk quiosco de periódicos
Zeitverschiebung diferencia horaria
zeitweilig temporal
Zelt tienda *(de camping)*
Zentimeter centímetro
Zentrum centro
zerbrechen romper
zerbrechlich frágil
Zettel nota *(escrita)*
Ziege cabra
ziehen tirar
ziemlich más bien
Zigarette cigarrillo
Zigarre cigarro
Zimmer habitación
Zirkus circo
Zitrone limón
zögern dudar
Zoll aduana
Zoomobjektiv teleobjetivo
zu *(adv)* demasiado; **zu viel** demasiado
zu *(preposición)* hacia, a, para
zubereiten preparar
Zucchini calabacín
Zucker azúcar
zuerst primero, en primer lugar
Zufall casualidad
zufällig por casualidad
Zuflucht refugio
zufrieden satisfecho
Zug tren
Zugang acceso
zuhören escuchar
Zukunft futuro
Zündkerze bujía *(de coche)*
Zunge lengua
zurück de vuelta
zurückerstatten devolver el dinero
zurückgeben devolver
zurückkommen volver
zurückrufen volver a llamar *(por teléfono)*
zusammen juntos/as
zusätzlich suplementario
Zuschlag suplemento
Zustand estado
Zwiebel cebolla
Zwillinge gemelos
zwischen entre
Zwischenmahlzeit merienda

GRAMÁTICA

En alemán existen tres **géneros**: el masculino, el femenino y el neutro. El **artículo** presenta las siguientes formas:

	definido (el/la)	*indefinido (un/una)*
masculino	**der**	**ein**
femenino	**die**	**eine**
neutro	**das**	**ein**

La forma del artículo definido plural, **die**, es común a los tres géneros.

El plural indefinido («unos/as») no tiene equivalente en alemán:

die Kinder los niños → **Kinder** unos niños

Estas formas son las formas básicas pero, en alemán, las distintas funciones gramaticales de las palabras dentro de la frase se reflejan mediante formas particulares (**declinaciones**).

Existen cuatro **casos** que corresponden a las cuatro funciones gramaticales principales:

El **nominativo** es el caso del sujeto:

der Zug fährt ab el tren sale

El **acusativo** es el caso del objeto directo del verbo (quien o lo que recibe la acción):

kennst du den Sänger? conoces al cantante?

El **dativo** es el caso del objeto indirecto del verbo (a quien está destinada la acción):

geben Sie den Schlüssel dem Empfangschef
dé la llave al recepcionista

El **genitivo** es el caso del complemento de nombre (por ejemplo, el poseedor):

der Angfang des Liedes el principio de la canción

Declinación del artículo definido:

	nominativo	*acusativo*	*dativo*	*genitivo*
masculino	**der**	**den**	**dem**	**des** (+ **s** *al final del nombre*)
femenino	**die**	**die**	**der**	**der**
neutro	**das**	**das**	**dem**	**des** (+ **s** *al final del nombre*)
plural	**die**	**die**	**den** (+ **n** *al final del nombre*)	**der**

Declinación del artículo indefinido:

	nominativo	*acusativo*	*dativo*	*genitivo*
masculino	**ein**	**einen**	**einem**	**eines** (+**(e)s** *al final del nombre*)
femenino	**eine**	**eine**	**einer**	**einer**
neutro	**ein**	**ein**	**einem**	**eines** (+**(e)s** *al final del nombre*)

Nota: Observe que se expresan funciones distintas con las mismas formas. Es el resto de la frase lo que permite saber de qué caso se trata. Los casos expresan asimismo otras funciones: por ejemplo, el acusativo indica también el lugar a donde se va y el dativo el lugar donde se está. Algunas preposiciones sólo pueden ir seguidas de acusativo, otras, de dativo…

Al contrario que en español, todos los **nombres** comunes empiezan por mayúscula en alemán.

Muy a menudo, el género de los nombres alemanes no se corresponde con el de sus equivalentes en español: **der Mond** *(m)* la luna, **die Sonne** *(f)* el sol.

Estas son unas pautas básicas para saber de qué género es un nombre.

Para las personas, el género suele corresponder al sexo: **der Mann** el hombre, **die Frau** la mujer.

Las palabras con sufijos en **-chen** o **-lein** (diminutivo) son del género neutro.

Las palabras con sufijos en **-ei**, **-in**, **-ion**, **-heit**, **-keit**, **-schaft**, **-ung** y **-tät** son del género femenino.

El **plural** modifica la forma del nombre. Existen varias formas para el plural y, a pesar de las excepciones, se pueden definir ciertas tendencias:

El plural característico del masculino es **-e** (a veces con una diéresis en las vocales **a**, **o**, **u** previas de la palabra). También puede acabar en **-er** o **-en**:

der Freund el amigo → **die Freunde** los amigos
der Mann el hombre → **die Männer** los hombres

El plural característico del femenino es **-en**. Algunos femeninos forman el plural en **-e**, con diéresis en la **a**, **o**, **u**:

die Frau la mujer → **die Frauen** las mujeres
die Nacht la noche → **die Nächte** las noche

El plural característico del neutro es **-er**, con diéresis en la **a**, **o**, **u**:

das Kind el niño → **die Kinder** los niños
das Glas el vaso → **die Gläser** los vasos

Nota: algunos neutros forman el plural en **-e**:

das Jahr el año → **die Jahre** los años

En alemán, se pueden formar **compuestos** a partir de varios nombres. El elemento determinante se coloca delante de la palabra principal y, a veces, ambas partes van unidas por el infijo **-(e)s-**:

die Ferien las vacaciones + **der Sommer** el verano →
die Sommerferien las vacaciones de verano
die Republik la república + **der Bund** la federación →
die Bundesrepublik la república federal

El **adjetivo** puede tener una base simple (**jung** joven, **schön** bello) o formarse a partir de un nombre y un sufijo (por ejemplo **-isch** o **-lich**):

der Typ (el tipo) + **-isch** → **typisch** (típico)
der Freund (el amigo) + **-lich** → **reundlich** (amigable)

El adjetivo es invariable en género y número aunque el adjetivo epíteto (siempre delante del nombre) presenta declinaciones que varían en función de que el adjetivo lleve artículo definido o indefinido (*ver* tabla p. siguiente).

Si el adjetivo es atributo, es invariable:

der Mann/das Kind ist schön → el hombre/el niño es guapo
die Frau ist schön → la mujer es guapa

Declinaciones del adjetivo en función del artículo:

	nominativo	*acusativo*	*dativo*	*genitivo*
masculino	der junge Mann ein junger Mann	den/einen jungen Mann	dem/einem jungen Mann	des/eines jungen Mannes
femenino	die/eine junge Frau	die/eine junge Frau	der/einer jungen Frau	der/einer jungen Frau
neutro	das junge Kind ein junges Kind	das junge Kind ein junges Kind	dem/einem jungen Kind	des/eines jungen Kindes
plural	die jungen Frauen junge Frauen	die jungen Frauen junge Frauen	den jungen Frauen jungen Frauen	der jungen Frauen junger Frauen

El adjetivo y el **adverbio** suelen tener la misma forma:

der Mann ist freundlich el hombre es amable
der Mann spricht freundlich el hombre habla con amabilidad

El adjetivo demostrativo:

masculino	*femenino*	*neutro*	*plural*
dieser	diese	dieses	diese

El adjetivo demostrativo se declina como el artículo definido **der**, **die**, **das**: ich sehe den Mann veo al hombre; ich sehe diesen Mann veo a ese hombre

El adjetivo posesivo:

	yo	*tú*	*él*	*ella*	*nosotros*	*vosotros*	*ellos*
objeto masculino	mein	dein	sein	ihr	unser	euer/Ihr	ihr
objeto femenino	meine	deine	seine	ihre	unsere	eure/Ihre	ihre
objeto neutro	mein	dein	sein	ihr	unser	euer/Ihr	ihr

El adjetivo posesivo se declina como el artículo indefinido **ein**, **eine**, **ein**: ich sehe ein Kind veo un niño; ich sehe dein Kind veo a tu hijo

Los pronombres personales sujeto:

yo	tú	él	ella	nosotros	vosotros	ellos(as)/usted
ich	du	er	sie	wir	ihr	sie/Sie

El pronombre personal también cambia según su función gramatical. Se declina así:

nominativo	**ich**	**du**	**er**	**sie**	**wir**	**ihr**	**sie/Sie**
acusativo	**mich**	**dich**	**ihn**	**sie**	**uns**	**euch**	**sie/Sie**
dativo	**mir**	**dir**	**ihm**	**ihr**	**uns**	**euch**	**ihnen/Ihnen**

El infinitivo del **verbo** alemán se compone de la base verbal (radical) + **-(e)n**: **haben** tener, **sein** ser, **machen** hacer.

Al radical se le añaden las terminaciones en función del tiempo y de la persona. Hay dos categorías de verbos: los verbos débiles (o regulares), cuyo radical es siempre el mismo; y los fuertes (irregulares), cuyo radical varía según el tiempo o la persona. Cuando se aprende un nuevo verbo hay que saber si es fuerte o débil.

El presente

Los verbos **haben** (haber) y **sein** (ser) tienen una conjugación especial:

haben (haber)	**sein** (ser)
ich habe	**ich bin**
du hast	**du bist**
er/sie hat	**er ist**
wir haben	**wir sind**
ihr habt	**ihr seid**
sie haben	**sie sind**

Los verbos débiles se conjugan según este modelo:

machen (hacer): ich mach**e**, du mach**st**, er/sie mach**t**,
wir mach**en**, ihr mach**t**, sie mach**en**

Nota: si el radical acaba en **-d**, **-t** o consonante + **m** o **n**, se intercala una **-e-** en las 2.ª y 3.ª personas del singular y en la 2.ª del plural: **arbeiten** (trabajar); **er arbeitet** (trabaja).
En presente, los verbos fuertes tienen las mismas terminaciones, aunque muchos modifican la vocal del radical en la 2.ª y 3.ª personas del singular:
Radical en **-e-** → **-i-**
sprechen (hablar) → **ich spreche, du sprichst, er spricht...**

Radical en **-a-** o **-au-** → **-ä-** o **-äu-**

tragen (llevar) → **ich trage, du trägst, er trägt...**
laufen (andar) → **ich laufe, du läufst, er läuft...**

Como en español, el **pretérito perfecto** alemán se compone de un auxiliar en presente (**haben** o **sein**) y un participio. El participio de los verbos débiles se forma con **ge-** + radical + **-t**

machen (hacer) → **gemacht** (hecho)
arbeiten (trabajar) → **gearbeitet** (trabajado)

Nota: el participio de los verbos de origen extranjero y de los que empiezan por **be-**, **ent-**, **emp-**, **er-**, **ge-**, **ver-**, **zer-** no llevan **ge-**:

reparieren (reparar) → **repariert** (reparado)
besichtigen (visitar) → **besichtigt** (visitado)

El participio de los verbos débiles se forma con **ge-** + radical (a veces modificado) + **-en**:

sprechen (hablar) → **gesprochen** (hablado)
lesen (leer) → **gelesen** (leído)

Nota: el participio de **sein** es irregular: **gewesen** (sido).
Los tiempos compuestos de los verbos que expresan cambio de estado o de lugar se conjugan con el auxiliar **sein**:

wachsen (crecer) → **ich bin gewachsen** (he crecido)
laufen (andar) → **ich bin gelaufen** (he andado)

Los demás verbos (de estado, transitivos y reflexivos) se conjugan con **haben** (haber)

Dos verbos de estado que se conjugan con **sein**: **sein** (ser) → **ich bin gewesen** (he sido), **bleiben** (quedarse) → **ich bin geblieben** (me he quedado).

El **imperfecto** de los verbos débiles se conjuga según este modelo:

ich mach**te** (hacía), du mach**test**, er/sie mach**te**,
wir mach**ten**, ihr mach**tet**, sie mach**ten**

Y el de los fuertes:
sprechen (hablar): ich sprach (hablaba), du sprach**st**, er sprach,
wir sprach**en**, ihr sprach**et**, sie sprach**en**

Algunas formas corrientes del imperfecto son:

GRAMÁTICA

ich war era
ich hatte tenía
ich kam venía
ich ging iba

ich **dachte** pensaba
ich **wusste** sabía
ich **wollte** quería
ich musste debía

En alemán, el **futuro** es un tiempo compuesto. Se usa el auxiliar **werden** (hacerse, volverse) seguido del infinitivo del verbo:

machen (hacer) → ich werde machen (haré)
sprechen (hablar) → ich werde sprechen (hablaré)

Conjugación de **werden**: ich werde, du wirst, er/sie wird,
wir werden, ihr werdet, sie werden

Nicht es la palabra básica de la **negación**. En una frase sencilla se coloca detrás del verbo:

ich weiß → lo sé ich weiß nicht → no sé

Se usa la negación **kein** (ningún) con un grupo nominal indefinido (unos/unos). Kein se declina como ein:

ich sehe einen Hund (veo un perro) →
ich sehe keinen Hund (no veo ningún perro)

GRAMÁTICA

El orden de las palabras en alemán difiere bastante del español.

En la frase afirmativa, el verbo conjugado siempre ocupa la segunda posición. El sujeto suelo ocupar por tanto la primera, aunque esto no es obligatorio:

Peter kommt heute = heute kommt Peter
Peter viene hoy

El infinitivo y el participio siempre van en última posición:

Peter ist gestern gekommen Peter vino ayer
Peter wird morgen kommen Peter vendrá mañana

En la interrogativa simple, el verbo conjugado va en primer lugar:

kommt Peter heute? Peter viene hoy?

Cuando la pregunta lleva un pronombre interrogativo, el orden de la frase es éste: pronombre interrogativo + verbo + sujeto.

warum kommt Peter heute?
¿por qué Peter viene hoy?

FIESTAS Y CELEBRACIONES

DÍAS FESTIVOS

Esta es la lista de días festivos (**Feiertage**) en Alemania.

Atención: algunos no se celebran en todos los **Länder** (regiones federales) y otros son típicamente regionales:

1 de enero	**Neujahr** (Año Nuevo)
6 de enero	**Dreikönigstag** (Epifanía del Señor)
marzo o abril	**Karfreitag** (Viernes Santo)
	Ostersonntag (Domingo de Resurrección)
	Ostermontag (Lunes de Pascua)
1 de mayo	**Arbeitstag** (día del trabajo)
mayo	**Christi Himmelfahrt** (Ascensión)
	Pfingstsonntag (domingo de Pentecostés)
	Pfingstmontag (lunes de Pentecostés)
mayo o junio	**Heimsuchung Mariae** (Visitación de María)
15 de agosto	**Mariae Himmelfahrt** (Asunción)
3 de octubre	**Nationalfeiertag** (fiesta nacional: fecha de la reunificación de Alemania)
31 de octubre	**Reformationstag** (día de la Reforma)
noviembre	**Buß-und Bettag** (día de la oración y la penitencia)
25 y 26 de diciembre	**Weihnachten** (Navidad)

FIESTAS TRADICIONALES Y FESTIVALES

Alemania es el país de los festivales (**Festspiele**). Cada **Land** tiene una animada vida cultural y tradiciones populares muy arraigadas, lo que multiplica el número de celebraciones de todo tipo a lo largo del año.

Estos son los principales:

enero/ febrero El Carnaval (**Fasching**). Fiestas callejeras y manifestaciones culturales en Colonia, Düsseldorf, Maguncia y Munich. Unas carrozas decoradas desfilan por las calles; los habitantes, disfrazados, reparten caramelos a los visitantes. En toda la ciudad, hay charangas y puestos de salchichas y cervezas que están abiertos hasta altas horas de la noche.
Festival internacional de cine de Berlín.

marzo **Frühlingsdom** (fiesta de la primavera) en Hamburgo.
Otras fiestas de la primavera (**Frühlingsfeste**) en muchas regiones.
Festival de ópera en Dresde.
Festival Bach en Turingia.

abril Festival de jazz de Stuttgart.
Las jornadas de la danza de Munich.
Festival de música de Berlín.

mayo Festival del vino tinto en Rüdesheim.
Festival internacional de Jazz de Dresde.
Festival de verano de Bonn (hasta septiembre).

junio Festival de cine de Munich.
Diversos festivales de música clásica.

julio Festival de Bayreuth (Wagner).
Love Parade de Berlín.
Festival de música de Schleswig-Holstein.
Varios festivales populares por todo el país

agosto Muchas fiestas del vino en Renania.
Festival popular de otoño en Nuremberg.

setiembre/ octubre **Oktoberfest** de Munich (famosa gran fiesta de la cerveza bávara que se alarga desde mediados de setiembre al primer domingo de octubre). En los parques se instalan largas mesas y tiendas; la cerveza corre a mares. Al son de las charangas, se organizan concursos para ver quién es capaz de beber más cerveza.
Festival de jazz de Leipzig.

noviembre Festival de San Martín en Renania y Baviera.

diciembre Fiestas de Navidad a lo largo de todo el mes de diciembre, en especial en Munich, Nuremberg, Berlín, Lübeck, Münster, Stuttgart y Heidelberg. En muchas ciudades, en estas fechas florecen los mercados de Navidad. Se construyen stands en forma de pequeños chalés donde se venden objetos de artesanía para regalar. Desde primera hora de la mañana, se pueden comer salchichas y beber vino caliente (**Glühwein**) para calentarse.

DIRECCIONES Y NÚMEROS ÚTILES

Antes de salir, puede obtener información muy útil en la **Oficina Nacional Alemana de Turismo** en España o en la misma Alemania:

En Madrid

Officina Nacional Alemana de Turismo
San Agustin 2, 1.° dch. – Pl. de las Cortes – 28014 Madrid
Teléfono: 91 429 35 51
Fax: 91 420 24 50
e-mail: infoalemania@d-z-t.com
web: www.alemania-turismo.com

En Alemania

Deutsche Zentrale für Tourismus
Beethovenstraße 69 – 60325 Frankfurt del Main
Teléfono: (+ 49 69) [0] 97 46 40
Fax : (+ 49 69) [0] 75 19 03
web: www.deutschland-tourismus.de

Embajada de España (en Berlín / Alemania)

Lichtensteinallee, 1. – 10787 Berlín
Teléfono: (+ 49 30) [0] 25 40 07
Fax: (+ 49 30) [0] 257 99 557
e-mail: embespde@correo.mae.es
web: www.spanischebotschaft.de

Embajada de España (en Viena / Austria)

Argentinierstr, 34 A – 1040 Viena (Wien)
Teléfono: (+ 49 1) 505 57 80/88/89
Fax: (+ 49 1) 504 20 76
e-mail: embespat@mail.mae.es
web: www.embesp-at.org/index800.htm

Número de teléfono de urgencias en Alemania: 112